EINMALEINS DER LEBENSKUNST

EINMALEINS DER LEBENSKUNST

von

K. O. Schmidt

259. – 262. Tausend

REICHL-VERLAG
DER LEUCHTER
ST. GOAR

Umschlag: Ion Lázeanu, Worpswede

∞

8. Auflage, 259. – 262. Tausend

Gesamtherstellung: Clausen & Bosse, Leck
Gedruckt auf säurefreiem, alterungsbeständigen Papier

ISBN 3-87667-167-1

BEJAHUNG ALS KRAFTQUELL

Wenn ‚Pechvögel' so oft verzagen und versagen und auf der anderen Seite ‚Glückspilze' so viele günstige Gelegenheiten entdecken und nützen, so liegt die Ursache nicht in den Umständen, sondern in der *Einstellung,* nicht in den Verhältnissen, sondern im menschlichen Verhalten.

Darum muß, wer sein Leben ändern möchte, mit der Änderung bei sich selber beginnen: er muß seine Einstellung zu sich selbst und zum Leben, zur Umwelt und zum Schicksal revidieren und von einer mehr negativ getönten Grundhaltung auf eine positive, bejahende Einstellung umschalten.

Denn das Geheimnis des Glücks liegt in der Bejahung.

Das wird sofort deutlich, wenn wir das Leben nicht — wie der Materialismus — als *mechanischen* Vorgang werten, sondern es von der richtigen Warte aus sehen: als *dynamischen Prozeß.*

Dann geht uns auf, daß jede negative, verneinende, abwehrende Haltung für uns selbst eine Kraftminderung, also *Schwächung* bedeutet, während jeder positive Impuls, jeder Blick auf das Gute, jede Bejahung zu einem *Kraftgewinn* führt, also zur Stärkung unserer selbst und unserer Position im Leben.

Lebenstaktisch gesehen, heißt das: Wesen, Dingen, oder Umständen mit Ablehnung und *Widerstand* begegnen, heißt uns selber einen *widrigeren Stand* schaffen. Zu allem, selbst zum Widrigen, *Ja* sagen bewirkt hingegen für uns selbst einen besseren Stand und Start und, was die Dinge und Wesen angeht, für uns günstigere Reaktionen.

Das ist so, weil der Mensch im Grunde ein *Geistwesen* ist und sein Leben und Schicksal ein Produkt seines Denkens und Verhaltens. Große Menschen sind Träger und Ergebnis großer Gedanken, kleine und schwache Menschen sind Träger und Sklaven kleiner Gedanken. Nietzsche verglich die kleinen Gedanken treffend den Pilzen: „Sie kriechen und ducken sich und wollen nirgendswo sein, bis der ganze Mensch morsch ist und welk vor lauter kleinen Pilzen." Darum rät er uns, *groß zu denken* — vor allem von uns selbst. Denn aus der Selbstachtung und Bejahung folgt alles andere von selbst.

Richtig leben heißt positiv leben.

Wie jeder negative Gedanke uns auf *Ab*wege und *abwärts* führt, so wirkt jeder positive Impuls der Schwerkraft entgegen und führt uns aufwärts. Eben dies meinte *Goethe:* „Wer recht wirken will, muß nie schelten und verneinen, sondern nur immer das Gute tun."

Ihm sekundiert Nietzsche, wenn er sich gegen Moral- und Lebenslehren wendet, die den Blick vorwiegend auf Negatives richten und sich in Verboten erschöpfen. Er bejaht jede Moral- und Lebenslehre, die zum *Tun des Rechten* anspornt und den Menschen anleitet, „an gar nichts anderes zu denken als: dies so *gut* zu tun, als es eben mir allein möglich ist. Wer so lebt, von dem fällt fortwährend eins um das andere ab, was nicht zu einem solchen Leben gehört."

Eben hierzu leitet die dynamische Psychologie Neugeists an, die ihrem Wesen nach *positiv und bejahend* ist, kraftweckend und vorwärtsweisend, so dem Menschen helfend, er selbst zu sein, das Ureigene, Einmalige, Besondere, das in ihm steckt, mutig zu entfalten und das Höchste aus sich zu machen, das sich durch ihn offenbaren will.

Nichts anderes meinte Meister Eckehart, als er von der zu sich selbst erwachenden und aus sich selber lebenden Seele sagte, daß sie „weder nach Gleichheit noch nach Ungleichheit mit irgendeinem anderen Wesen trachtet, sondern nur eines erstrebt: mit sich selber eins zu sein."

Auf genau das Gleiche läuft *Tagore's* Mahnung hinaus „Wir sind in diese Welt gekommen, nicht nur, um sie zu kennen, sondern um sie zu *bejahen"*, weil wir — wie im weiteren dargetan werden wird — nur als *Bejahende* uns selbst und die Welt, unser Leben und Schicksal wahrhaft zu meistern vermögen.

⊙

Die meisten Menschen machen sich das Leben schwer, ohne es zu merken. Sie grollen, beklagen, ‚beschweren' sich in Gedanken oder Worten und *machen schwer*, was bei bejahender Haltung leicht zu meistern wäre . . . Sie mühen sich ab, blicken abwärts und beneiden jene, die das Leben zwar als eine *Schule*, aber als eine von höchster Weisheit, Planung und Zielsetzung erfüllte Schule erkennen und es als vom Grunde her licht und leicht bejahen.

Die das Leben schwer nehmen und sich's schwer machen, sehen nicht, daß sie genau das ernten, was sie in Gedanken säten. Sie überlassen sich der Schwermut, lassen den von trüben Gedanken schweren Kopf hängen, blicken, der Schwerkraft folgend, auf die Erde statt zum Himmel — und verfehlen ihr Lebensziel, indes die Weiseren und Glücklicheren jedes Ziel erreichen, das sie mit frohem Mut angehen.

Nun wäre es aber falsch, mit Rückert zu sagen:

„Kopfhänger, geh' mir weg! Wie kann den Weg
mir sagen
zum Licht, wer frei zum Licht nicht kann
den Blick aufschlagen!"

Es gilt vielmehr, den Neinsagern zu helfen, die rechte Blickrichtung und Einstellung zum Leben und zum Glück zu gewinnen und ihr Dasein statt mit den Nachtschatten der Sorge mit dem Licht der Freude zu erfüllen.

Denn, wie die Dichter sagen,

„Sorg' löscht die Kraft und den Verstand,
Die *Freud'* ist Gottes Feuerbrand.
Die Freud' ist alles Guten Quell,
Sie macht das Leben leicht und hell."

Darum wird hier auf eine neue positive und mutmachende Weise gezeigt, wie man sich die Meisterung seiner selbst und des Lebens leicht macht, indem man lernt, es lichter zu sehen, leichter zu nehmen und durch Bejahung zu siegen — nicht im Sinne oberflächlichen Leichtsinns und gedankenloser Leichtgläubigkeit, sondern aus jenem lichten und frohen Sinn und aus jener Lichtgläubigkeit heraus, die alles Dunkle aufhellt und alles Schwere leichter überwindbar macht.

Das ist kein jähes Heraustreten aus dem Dunkel ins Licht, so daß man geblendet wird, sondern es ist ein beglückender Prozeß stufenweiser Selbstentfaltung und Höherentwicklung, wobei jede neue Stufe ihre besonderen Aufgaben und Freuden mit sich bringt, die zu meistern und auszuschöpfen sind.

Schon die am Anfang aller Selbstentfaltung stehende Einsicht, daß wir nicht so zu bleiben brauchen, wie wir heute sind, sondern daß wir *Werdende* sind, in denen tausend unentdeckte Tugenden und Talente, Kräfte und Möglichkeiten nach Entfaltung streben, ist ermutigend.

Nicht minder beglückend ist die Erkenntnis, daß wir auf jeder höheren Stufe ein anderer sind, ein Größerer und Vollkommenerer, und daß die Zahl der Wandlungen und Verwandlungen, die wir in der Lebensschule durchschreiten, unendlich ist und immer höher weist, und daß wir, wie die Bäume um ihre Jahresringe, auf jeder neuen Entwicklungsstufe um Erkenntnisringe wachsen, die uns jedesmal stärker und reifer, größer und vollkommener werden lassen.

Ein Lebensphilosoph sagte einmal, daß ein Pfund Stahl wenig kostet, daß sich daraus aber tausende von Uhrfedern machen lassen, deren Wert in die Hunderttausende geht. So sei es mit jedem Pfund, jeder Gabe und Fähigkeit, die uns verliehen ist: unsere Aufgabe im Leben sei es, durch rechtes Denken und Tun ihren Wert und damit unseren eigenen Wert zu vertausendfachen.

Wenn wir damit beginnen, dann entdecken wir, daß wir, wie Morgenstern sagt, „nicht so weiter zu leben brauchen, wie wir gestern gelebt haben, denn *tausend Möglichkeiten laden uns zu neuem Leben ein.*"

Diese Möglichkeiten werden im weiteren am Ablauf

eines recht gelebten Tages aufgezeigt als ebenso viele Einladungen zu jenem neuen Leben, das immer höher führt und an dem jeder teilhaben kann, sowie er damit beginnt, sich selbst und das Leben zu bejahen und aus jedem Augenblick seines Daseins das Bestmögliche zu machen.

JEDER TAG EIN GLÜCKSTAG

Von Haus aus ist jeder Tag ein Glückstag. Nur wir Menschen sind nicht immer auf der Höhe und machen unbewußt schlecht, was gut war.

Die meisten Übel, die uns widerfahren, *besorgen* wir uns selbst — durch *Sorgen* und Widerstreben. Doch zum Glück ist das Leben so weise geordnet, daß sogar unsere Fehler noch unserer Besserung und unserem Besten dienen müssen ...

Was können *wir* nun dazu beitragen, daß jeder Tag ein Glückstag werde? Das wichtigste ist, daß wir lernen, in der *Gegenwart* zu leben. Das tun wenige. Zumeist sind wir mit unseren Gedanken nicht bei dem, was wir gerade tun, sondern bei anderen Dingen und in anderen Zeiten: in der Vergangenheit oder in der Zukunft. Was Wunder, daß wir so oft danebengreifen ...

Denn *vorhanden,* in unsere *Hand* gegeben ist allein die Gegenwart. Wer das nicht einsieht, mißachtet das Gesetz von Ursache und Wirkung, demzufolge wir *jetzt* positive Ursachen legen müssen, damit aus der Zukunft positive Wirkungen auf uns zukommen.

Zu denen, die zuerst die *Wirkung* wollen, gehört Freund Carlo: beim geschobenen Kinderwagen, meint er, komme doch zuerst die Wirkung und hinterher die Ursache: die den Wagen schiebende Mutter oder der Vater. Genau so lasse er seine Gedanken in die Zukunft vorauseilen und komme dann selbst mit der Gegenwart hinterher ... Praktisch erliegt er einem Trugschluß. Über dem träumenden Verweilen in der Zukunft versäumt er die lebendige Gegenwart, die weise Nutzung ihrer Gaben — und damit zugleich die Sicherung einer glückreichen Zukunft.

Eine glückliche Zukunft erwirken wir nur durch rechte Meisterung der Gegenwart, wie auch die Vergangenheit nur durch recht gelebte Gegenwart bewältigt wird. Das lehrt auch die Bibel: „*Jetzt* ist der Tag des Heils." *Jetzt* — das ist Hier und Heute, der gegenwärtige Augenblick, den es durch rechtes Denken und Tun zu nützen und zu heiligen gilt, soll sich die Zukunft lichtvoll gestalten.

Die beste Zeit ist jetzt. Nur das Jetzt gehört uns ganz. Bejahen wir darum *jetzt*, daß dieser Tag ein guter Tag ist, und tun wir jetzt das Unsere, um ihn dazu zu machen. Nützen wir den *Augenblick*, denn, wie Goethe sagt, „der Augenblick nur entscheidet über das Leben des Menschen und über sein ganzes Geschick", und weiter: „Wer den Augenblick ergreift, der ist der rechte Mann."

Der Augenblick ist für den, der ihn bejahend ergreift und ausschöpft, nicht nur der „Repräsentant einer ganzen Ewigkeit" und der einzige sichere Punkt lebendiger Teilhabe an der Ewigkeit, sondern auch eine Schatzkammer einmaliger Gelegenheiten und Beglükkungen.

Alle Lebensweisheit der großen Religionen und Philosophien der Menschheit gipfelt in der Erkenntnis, daß ein glückliches Leben Summe und Produkt recht gelebter Jahre und Tage ist und daß ein glücklicher Tag sich wiederum aus lauter gut verbrachten Stunden und Minuten zusammensetzt.

Um das Leben zu meistern, gilt es den *Tag* zu meistern; und damit jeder Tag ein Tag der Freude und des Glückes sei, gilt es, aus jedem Augenblick das Beste zu machen, keine Minute verdrossen rückwärts oder sorgend und sehnend in die Zukunft zu starren, sondern vertrauend, bejahend und dankbaren Herzens in der Gegenwart zu leben.

Dann wird der heutige Tag ein glücklicher Tag; und jeder so gelebte Tag macht die Zukunft heller und sichert uns ein glückreiches Leben.

RECHTE SICHT

Gesicht und Gewicht der Lebensgeschehnisse werden durch unsere Sicht bestimmt.

Soweit wir Widriges zu nah und zu groß sehen, also an Kurzsichtigkeit leiden, oder Ersehntes fern und unerreichbar wähnen, also weitsichtig sind, müssen wir richtig sehen lernen. Dazu wiederum gilt es, nicht träumend, sondern wach-bewußt durchs Leben zu gehen, und zwar in jeder Minute des Tages.

Wenn wir das tun, entdecken wir Tiefen, wo wir bisher nur Oberfläche sahen, und finden Schätze, an denen wir bislang blind vorübergingen. Mehr und mehr gewahren wir das Große im Kleinen und Wesentliches selbst im Geringsten.

Zur höchsten Entfaltung gelangen wir nicht durch irgendeine Geheimschulung, sondern mitten im Alltag: hier treten wir unmittelbar mit dem Leben in Kontakt, mit den *Aufgaben,* die es uns stellt, und mit den *Gaben,* die deren Meisterung in uns aktiviert. Sie werden uns bewußt in dem Maße, in dem wir lernen, das Leben und die Aufgaben, die der Tag uns stellt, zu bejahen, das Heute dankbar entgegenzunehmen und jede Stunde sinnerfüllt zu gestalten. Wo das geschieht, wird alle Vergangenheit verklärt und alle Zukunft aufs beste vorausbestimmt.

Jeder hat die Möglichkeit, den heutigen Tag zu durchlichten und auf das Ziel fortschreitender Vervollkommnung auszurichten — durch *Bejahung*, die Meister *Eckehart*, einer der größten Lebenslehrer des Abendlandes, die wichtigste Aufgabe unseres Daseins nennt. Es gilt, sagt er, das Leben zu lieben mit allen seinen Offenbarungen und immer und überall das Gute zu sehen und zu verwirklichen. Wer die unsichtbare Schönheit, Ordnung und Weisheit hinter allen Erscheinungsformen und Geschehnissen des Lebens richtig sehend erkennt und bejaht, der lebt mitten im Zwielicht des Alltags in der Helle des Ewigen Tages. Ihm werden alle Dinge heilvoll, alle Wandlungen nützlich, alle Tage gut und alle Menschen göttlich.

Meister Eckehart gab ein Beispiel solcher rechten Sicht im Gleichnis vom Gelehrten, der jahrelang vergeblich nach einem Menschen suchte, der ihm den Weg zum Sinn des Lebens und zur Harmonie mit dem Ewigen weise. Eines Nachts riet ihm die innere Stimme, am Morgen vor die Kirche zu gehen; dort werde er den Menschen finden, der um den Weg zum Glück wisse. Der Gelehrte ging hin und fand vor der Kirche einen Menschen in armseligen Kleidern. Dennoch begrüßte er, der inneren Weisung folgend, den Armen: „Gott gebe Dir einen guten Morgen!"

Der Arme antwortete freundlich: „Ich hatte noch nie einen bösen Morgen."

Der Gelehrte: „Gott gebe Dir Glück!"

Der Arme: „Ich hatte noch nie Unglück, sondern bin alle Tage glücklich."

Der Gelehrte bat, ihm das zu erklären, worauf der Arme antwortete: „Jeder neue Tag ist ein guter Tag. Denn was auch geschieht: ich lobe und danke Gott dafür. Und dann ist alles gut. Ich hatte noch nie Unglück; denn ich lebe im Einklang mit Gottes Willen und weiß: Was Er tut, ist das Beste; was zu mir kommt, dient meinem Besten. Und so ist jeder Tag ein glücklicher Tag und jeder Augenblick Träger der Ewigkeit."

Wer so denkt und lebt, erfährt den Himmel auf Erden, weil er allezeit in ihm weilt und aus ihm lebt.

Eben dies ist mit der Mahnung zu *rechter Sicht* gemeint: daß wir uns gewöhnen, alles, was kommt, dankbar zu bejahen und uns in jeder Stunde auch im Kleinen und Alltäglichen zu bewähren. Dann wachsen wir unmerklich zu der Größe heran, die wir ersehnen und die unserer Reife gemäß ist. Unser Leben wandelt sich dabei von selbst in ein Kunstwerk.

DIE BESTE KUNST: LEBENSKUNST

Jeder begnadete Künstler zeigt uns in seinen Werken, *wie aus Kunst Leben wird.* Und jeder Weise kann uns lehren, *wie aus Leben Kunst wird:* die Kunst der Selbst- und Schicksalsmeisterung.

Hipparch sprach es als erster aus, daß „von allen Besitztümern auf Erden das wertvollste die *Lebenskunst* ist. Denn alles andere können Kriege und Schicksalsschläge uns rauben; die Lebenskunst aber bleibt uns und hilft uns, uns in jeder Lage zu bewähren und in jeder Herr zu bleiben."

Zweierlei macht uns alle Lebensweisheit bewußt: erstens, daß alles Sehnen des Menschen nach mehr Freude und Glück, Frieden und Zufriedenheit, Gesundheit, Kraft und Vervollkommnung durch seine Anlage begründet und darum praktisch erfüllbar ist, und zweitens, daß jeder neue Tag einmalige und einzigartige Möglichkeiten mit sich bringt, zu deren voller Ausschöpfung nur rechtes Sehen und bejahendes Handeln nötig sind. Wer den Tag so sieht und nimmt, macht ihn zu einem Glied in der Kette unendlichen Fortschritts und Aufstiegs zu den Höhen des Lebens.

Jeder Tag ist das, was wir aus ihm machen. Wir können seine Stunden gedankenlos vergeuden — oder ihn zu einem Gipfelpunkt unseres seitherigen Lebens machen. Wer ein Lebenskünstler und Könner werden will, tut gut, sich mit *Goethe* zu besinnen, daß „die Zeit unendlich lang und ein jeder Tag ein Gefäß ist, in das sich sehr viel eingießen läßt."

Was Goethe damit meint, hat er seinem Freunde Lavater gegenüber klargestellt: „Das Tagewerk, das mir aufgetragen ist, erfordert wachend und träumend meine Gegenwart. Diese Pflicht wird mir täglich teurer, und darin wünschte ich's den größten Geistern gleich zu tun. Diese Begierde, die Pyramide meines Daseins, deren Basis mir gegeben und gegründet ist, so hoch als möglich in die Luft zu spitzen, überwiegt alles andere und läßt kaum augenblickliches Vergessen zu. Ich darf nicht säumen, ich bin schon weit in Jahren vor, und vielleicht bricht mich das Schicksal in der Mitte, und der babylonische Turm bleibt stumpf unvollendet. Aber wenigstens soll man sagen, es war kühn entworfen, und wenn ich lebe, so sollen, will's Gott, die Kräfte hinaufreichen."

Wenn wir diese Einstellung zu unserem Tagewerk, zu jedem Tag und jeder Stunde unseres Daseins gewinnen und dabei das Wichtigste meistern, das uns in jedem Augenblick am nächsten ist — *uns selbst* —, sind wir auf dem Wege zu den Höhen des Lebens. Das ist das dritte, was Lebenskunst uns lehrt:

Wir sind uns selber die erste Aufgabe; alles, was von außen her an uns herantritt, seien es Menschen oder Dinge, Umstände oder Widerstände, ist das Nächstwichtige. Unser Vermögen und unsere Aufgabe ist es, an allem zu wachsen und zu reifen, uns durch Bejahung an ihm zu bewähren und durch unsere eigene Veredelung zugleich Welt und Leben fortschreitend zu vervollkommnen.

Der Skeptiker wird hier einwenden, daß heute von jedem Menschen weit mehr verlangt werde als von den Menschen früherer Zeiten und daß darum für solche Selbstbesinnung und Selbstveredelung keine Zeit bleibe.

Ihm ist entgegenzuhalten, daß im gleichen Maße, wie uns größere Aufgaben zuwachsen, auch *weit mehr Kräfte und Fähigkeiten,* als unseren Vorfahren bewußt waren, *in uns wach und aktiv werden.* „Es wächst der Mensch mit seinen größeren Zwecken"; und gerade die Selbstbesinnung führt und verhilft uns zu der befreienden Erkenntnis, daß wir, als Kinder des Geistes des Lebens, mit allen Gaben ausgerüstet sind, das Leben Tag für Tag zu meistern, an allem, was kommt, zu wachsen und über alle Bedingungen hinauszuwachsen.

DER INNERE KOMPASS

Zu den Erkenntnissen, die die Meisterung des Alltags erleichtern, gehört die des Vorhandenseins und ständigen Wirkens eines ‚inneren Kompaß':

Wie die Richtkraft des Erdmagnetismus bewirkt, daß die Magnetnadel etwa in einem Steuerkompaß sich überall und jederzeit auf den magnetischen Pol einstellt und so die Bestimmung der Himmelsrichtung und das Kurshalten ermöglicht, so weist uns der auf die kosmische Steuerung gerichtete innere Kompaß, mögen wir auch noch so oft in die Irre gehen und von der unserem Wesen gemäßen Richtung abkommen, immer wieder auf das Höchste Ziel, auf das hin wir angelegt sind.

Wir spüren den inneren Kompaß als Stimme des Gewissens oder daran, daß wir uns in dem Grade freier und froher fühlen und unseren Lebensweg lichter und leichter sehen und gehen, in dem unser Denken und Tun der Kompaßweisung entspricht.

Wer das einmal erfahren und den Segen dieser Einrichtung begriffen hat, wird jeder Weisung von innen dankbaren Herzens folgen und um so rascher mitten im Alltag auf seinem Wege der Selbstverwirklichung und Sinnerfüllung des Lebens vorankommen.

Statt durch negatives Denken, Verneinen und Widerstehen seine Kräfte zu zersplittern und kostbare Augenblicke zu vergeuden, wird er durch rechtes Denken und Verhalten, Bejahung und Vertrauen in Dankbarkeit und Gelassenheit dem inneren Kompaß folgen und so seine Kräfte auf das Höchste Ziel hin in Bewegung halten.

Der inneren Lebensweisung folgt, wer nicht nur — nach der negativen Seite — sagt, daß es „genug sei, daß ein jeglicher Tag seine eigene Plage habe", sondern wer — positiv — bejaht und sorgt, *daß jeder Tag seine Freude habe* und ein guter Tag werde.

Daß „Freudentage nicht lange dauern", wie Seneca beklagt, ist dann belanglos, wenn wir uns zur Gewohnheit machen, ständig neue Freudentage zu schaffen, etwa indem wir das Rezept befolgen: „Laß keinen Tag zu Ende gehn, an dem nicht, eh' der Abend naht, ein Liebeswerk von Dir geschehn, sei's gutes Wort, sei's gute Tat!"

Dem inneren Kompaß folgt, wer bereit ist, an jedem neuen Tage *mehr Mensch* zu sein als an allen Tagen vorher, und wer in jeder Stunde des Tages der Wahrheit bewußt bleibt, daß er nicht nur die Möglichkeit, sondern auch das Vermögen und die Aufgabe hat, ständig stärker und größer, reicher und vollkommener zu werden.

Dem, der so denkt und lebt, erweist sich jeder neue Tag als eine Stufe auf der Himmelsleiter, auf der wir alle aufwärts steigen, ob wir dessen nun bewußt sind oder nicht, ob wir zeitweise unsicher stehen bleiben oder bewußt und freudig lichtwärts schreiten.

Im einen wie im anderen Falle ist dafür gesorgt, daß wir jederzeit am Grade unseres inneren Wohlgefühls und Geborgenwissens im Lebensganzen abzumessen vermögen, wie weit wir der inneren Lebensweisung folgen oder von der rechten Himmelsrichtung abgewichen sind, und daß wir, wenn wir mit wachen Sinnen nach innen blicken und uns nach der Magnetnadel des inneren Kompaß richten, um so rascher, froher und leichter auf unserem Lebenswege vorankommen, mag der Alltag aussehen, wie er will.

MITTEN IM ALLTAG

Dickens' Wort, daß „Kleinigkeiten das Leben ausmachen", liegt die Erkenntnis zugrunde, daß das Glück weniger in der Bewältigung der großen Daseinsprobleme liegt, sondern weit mehr aus der Meisterung der kleinen Dinge und Aufgaben des Alltags entspringt, die in jedem Augenblick an uns herantreten.

Jeder besinnliche Blick auf uns selbst, jede Begegnung mit anderen Wesen, jede Aufgabe, die sich uns stellt, kann von uns in eine Quelle der Kraft und wachsenden Glücks verwandelt werden. Zu diesen mannigfachen äußeren kommen ebensoviele innere Kraftquellen, die uns Lebensweisheit und Religion erschließen.

Während die ersteren vorübergehend sind, sind die letzteren in alle Ewigkeit nicht auszuschöpfen: tieferem Einblick erweisen sie sich als so unermeßlich wie das Universum, das seinem Wesen nach eine Manifestation vieldimensionaler Kraftfelder ist, die ihrerseits wiederum schwacher Abglanz geistiger Energiefelder sind, die stufenweise immer höher reichen bis ins Lichtmeer der göttlichen Wirklichkeit.

An alle diese Kraftfelder und -ströme können wir uns anschließen und mehr oder minder bewußt an ihnen teilhaben.

Es wird sich im weiteren zeigen, wieviele Möglichkeiten der Kraftgewinnung uns *mitten im Alltag* von früh bis spät zur Verfügung stehen. Schon die äußeren Kraftquellen wie Schlaf und Nahrung, Körperpflege und Erholung, die Natur und die Wesen um uns können uns die erfolgreiche Meisterung unserer täglichen Aufgaben erleichtern, wenn wir das Zauberwort, das die verborgenen Kraftquellen sprudeln läßt, auch dem Geringsten und Unscheinbarsten gegenüber anwenden: das liebevolle *Ja!*

Die gleiche Wahrheit berührt La Rochefoucauld, wenn er sagt, daß „Ruhe und Erregung des Gemüts nicht so sehr von den großen Ereignissen des Lebens bestimmt werden, sondern weit mehr von den kleinen Dingen, die uns im Alltag begegnen, und von unserer Einstellung zu ihnen abhängen." Alte Volksweisheit drückt das in dem Satz aus: „Wer das Kleine nicht acht't, hat zum Großen nicht Macht."

Darum beginnt alle Lebenskunst mit der rechten Behandlung der kleinen Dinge. Wie man das macht, wird im weiteren am Beispiel eines Tagesablaufs im einzelnen verdeutlicht.

Mitten im Alltag sind wir dem Unendlichen so nahe wie in den Sternstunden des Lebens. Wir müssen nur die Augen offen halten und wachen Herzens sein, um im Umgang mit den kleinen Dingen und Verrichtungen des Tages die Berührung mit dem Ewigen, die Harmonie mit dem Unendlichen zu erfahren und aus allem Kraft zu schöpfen.

Wer diesen Weg geht, der wächst mitten im Alltagswerk aus einem Dasein, das ihm bisher vielleicht ebenso leidvoll wie sinnlos erschien, unmerklich in jenes Größere Leben hinein, das ständig höher führt und eben darum im Kleinsten so beglückend ist wie im Großen.

Ihm wird der *Tag* — der Alltag — zum Sinn- und Spiegelbild des *Lebens*, weshalb er das, was er aus seinem Leben machen möchte, aus dem heutigen Tage zu gewinnen trachtet. Alsdann dient ihm mehr und mehr alles zur Selbst-Besinnung und wird ihm zugleich zum Helfer bei der Sinnerfüllung seines Lebens.

UNTER DER NACHT IST TAG

Aus den Lebensberichten großer Menschen aller Zeiten und Völker wissen wir, daß manche ein oder zweimal in ihrem Dasein Augenblicke höchsten inneren Wach- und Bewußtseins durchlebten, in denen ihnen alle Vergangenheit und Zukunft als ein ewiges *Jetzt* vor Augen trat, in denen sie jäh ihrer inneren Freiheit und Lichtheit bewußt wurden, in denen alle Angst der Kreatur von ihnen abfiel und ein beseligendes Gewißsein des Einsseins mit der göttlichen Kraft und Fülle ihr ganzes Wesen durchflutete ... Sie bekennen übereinstimmend, daß von da her ein verklärender Glanz auf ihr ferneres Leben ausstrahlte.

Nun gilt aber Schillers Wort: „Es gibt im Menschenleben Augenblicke, wo er dem Weltgeist näher ist als sonst", durchaus nicht nur für die seltenen Sternstunden des Lebens, sondern gleichermaßen für jeden Augenblick des Tages, den wir bewußt, bejahend und gelassen annehmen und ausschöpfen.

Doch nur zu oft findet, wie Schiller ergänzt, „der freigebige Augenblick ein unempfänglich Geschlecht" — und dann freilich vermögen wir Menschen nicht, die großen Augenblicke, die jeder Tag mit sich bringt, zu gewahren, fruchtbar zu machen und ihren Glanz auf den ganzen Tag und unser ferneres Leben zu übertragen . . .

Zum Glück können wir es aber lernen, vom Kleinsten und Alltäglichsten her unser nachtgleiches Dasein zu erhellen, unter der zeitlichen Nacht den ewigen Tag zu erkennen und unser irdisches Dasein mit seinem ewigen Glanz zu durchlichten.

Wir können es deshalb, weil *wir selber* unserem innersten Wesen nach Licht sind, ein Strahl der göttlichen Allkraft, und uns nur einwärts zu wenden brauchen, um dessen gewiß und des Zustroms der Kraft von oben in wachsendem Maße teilhaftig zu werden.

Emerson sprach einmal den Wunsch aus, daß ein Stoiker oder Lebenslehrer „den Menschen ihre Hilfsquellen zeigen und ihnen bewußt machen möge, daß sie keine Trauerweiden sind, sondern aufrecht stehen sollen und können, daß mit der mutigen Selbst-Besinnung neue Kräfte in ihnen erwachen, und daß in dem Augenblick, wo sie selbstvertrauend aus sich selber handeln, die Dinge sich nach ihrem Willen zu wandeln beginnen. Wer den Menschen diese Lehre bringt, wird ihrem Leben wieder seine gottgewollte Größe und Erhabenheit geben."

Eben dies wird hier versucht, und zwar am Nächstliegenden: am Ablauf eines ganz gewöhnlichen Wochentages.

Wenn dabei vom *Alltäglichen* und seiner Durchlichtung und Meisterung gesprochen wird, ist auch das *Allnächtliche* gemeint: weil wir den Tag nicht besinnlich und früh genug beginnen können, beginnen wir ihn schon in der Nacht, während des Schlafes des Körpers — und darum schon *am Abend vorher,* um von dort aus den Geist des Schlafes und das Gesicht des neuen Tages weitgehend vorauszubestimmen.

Dabei wird sich im weiteren immer deutlicher zeigen, wie es möglich ist, gerade vom Kleinsten her den ganzen Tag und unser ganzes Dasein mit einem neuen positiven Schwung und Rhythmus und mit dem Geist des Gelingens zu erfüllen.

DER TAG BEGINNT AM ABEND

„Gute Tage soll man am Abend loben“, rät ein Sprichwort. Weiser handelt, wer sich gewöhnt, am Abend — und zwar *am Abend vorher* — bewußt auf einen guten Tag hinzusteuern.

Denn die beste Zeit, dem neuen Tag einen positiven Rhythmus und dynamischen Schwung zu geben, sind die letzten Augenblicke am Vorabend unmittelbar vor dem Einschlafen.

Darum beginnt das Tagewerk des vorausschauenden, zielbewußten und erfolgreichen Menschen in den letzten Minuten des Wachseins am Abend vorher: in ihnen bereitet er sich innerlich auf die Stunden des Schlafes vor, in denen er seine Kräfte sich erneuern und seine schon vorher festgelegten Tagespläne und seine heimlichen Wünsche reifen läßt . . .

Dazu wiederum läßt er den zuendegehenden Tag in positivem Rückblick und bejahendem Vorausblick harmonisch ausklingen. Hier können Kleinigkeiten, die meist zu wenig beachtet werden, viel helfen, etwa die Gewöhnung, statt noch spät abends zu essen und so den Grund zu belastenden Leibreiz-Träumen zu legen, vorm Schlafengehen einen Spaziergang zu machen und dabei alle Disharmonien des Tages bewußt hinauszuatmen.

Weiter gilt es, beim Zubettgehen alle noch vorhandenen Sorgen und Mißgefühle mit den Kleidern abzulegen, damit sie nicht zu Schlafstörern werden, und sich im Rückblick auf den Tag zu einem vorbehaltlosen *Ja!* zu entschließen — und wäre es anfangs auch mit der Einstellung: „Der alte Tag ist vergangen; über Vergangenes soll man wie über Tote nur Gutes reden und denken!" Denn solange wir verneinen, bedauern, anklagen, grollen und abwehren, vereiteln wir das, was wir bei bejahender Einstellung spielend erlangen, z. B. das *Einschlafen.*

Noch mehr Gewinn erzielt, wer das Konto des abgelaufenen Tages statt mit einem bloßen Ja! mit einem *Dank* für alle Hilfe und Förderung abschließt, die er an diesem Tage erfuhr (oder auch übersehen hat), und mit einem herzlichen *Vorausdank* für alles Gute, das er vom neuen Tage zuversichtlich erwartet. Solch Dank wirkt sich wie das Nachtgebet segenbringend bis ins Traumleben aus.

Wir dienen uns selber, wenn wir vorm Einschlafen einen Blick auf uns selbst und unser Verhalten tagsüber werfen, um, wenn wir Mängel entdecken oder das Gewissen uns mahnt, einen positiven Entschluß zu fassen, Unterlassenes nachzuholen, Unrecht wiedergutzumachen und künftig immer bewußter das *Bessere zu tun.* Solch Entschluß wirkt entlastend, entgiftend und entspannend, erleichtert das Einschlafen und sichert ruhigen Schlaf.

Neben der Harmonisierung des Gemüts gelten die letzten Augenblicke vorm Einschlafen der willigen Einsenkung in die *Stille und den Frieden des Innern,* der Überlassung von Leib und Seele an den inneren Arzt und Helfer.

Dadurch wird erreicht, daß Gesicht und Gewicht des neuen Tages nicht von Zufälligkeiten bestimmt werden — etwa vom Wetter beim Aufstehen, von Radio-

Nachrichten, vom Frühstück oder der Lektüre des Morgenblattes. Gegen solche Einflüsse und Fehlstimmungen von außen her sichern wir uns ebenso wie gegen schlechten Schlaf durch rechte Einstimmung in den Rhythmus der Nacht.

GEDANKEN ZUR NACHT

„Es ist auf Erden keine Nacht, die nicht noch ihren Schimmer hätte", sagt Gottfried Keller in seinen Abendgedichten. Doch wie wenige lassen sich den Schimmer dienen, überlassen sich dem Frieden der Nacht und schöpfen Kraft aus dem Schlaf?

Die meisten klagen über unruhige Nächte, in und aus denen sie müde und zerschlagen oder ‚wie gerädert' erwachen . . .

Sie sehen nicht, daß sie nur ernten, was sie selbst in den Ackerboden des Schlafes säten, und daß sie, um tief und erquickend zu schlafen und froh und frisch zu erwachen, entweder das Räderwerk der Gedankenmühle am Abend abstellen oder — was leichter ist — statt mit negativen, sorgenden und zermürbenden Gefühlen mit positiven, aufbauenden, bejahenden Gedanken in den Schlaf hinübertreten müssen.

Denn der *Gedanke* ist eine lebendige, unermüdlich schaffende und wirkende Kraft. Jedem Gedanken wohnt das Bestreben inne, sich im Rahmen des Möglichen zu verwirklichen, und die Energie, beharrlich daraufhin zu steuern. Deshalb ist nichts wichtiger als die Gewöhnung, bis zum letzten Augenblick des Tages alle Gedanken, Gefühle, Entschlüsse und Selbstbefehle bewußt *positiv* zu gestalten und Verneinungen jeder Art zu vermeiden.

Die Neigung zum Verneinen und Abwehren geht bei manchen so weit, daß sie selbst ihren Bejahungen und Selbstbefehlen noch eine negative Fassung geben: „Ich bin *nicht müde,* nicht schwach, nicht zerstreut, nicht krank . . .!" — und dann natürlich nichts erreichen. Was man zu verwirklichen wünscht, muß man positiv fassen, also: Ich bin frisch, gesund, von neuer Kraft erfüllt!

Vor allem beim Einschlafen gilt es, nicht das, was wir los werden wollen, also *nicht* wünschen, als Letztes in das Blickfeld des allmählich sich verdunkelnden Bewußtseins zu rücken, sondern das helle und frohstimmende Bild dessen, was *Wirklichkeit* werden soll, bis zum Entsinken in den Armen des Schlafes zu bejahen, wie ein Kind seine Puppe bis in den Schlaf hinein festhält.

Denn diese letzten Vorstellungsbilder wirken in Schlaf und Traum weiter und bilden das Fundament für den Bau des neuen Tages.

Solche Bejahung ist weder kritiklos noch wirklichkeitsfremd. Sie richtet den Blick auf das *Gute,* weil sie es als Anlage und Möglichkeit erkennt, spricht es an und fördert seine Entfaltung. Sie erspart es uns, das weniger Gute zu bekämpfen, da es von selbst schwindet, wenn das Gute als das Bessere sichtbar wird.

Das meint Christi Wort: „Widerstehet dem Übel nicht!", erschöpft euch nicht in vergeblicher Bekämpfung der Widrigkeiten, sondern wendet euch um und dem Lichten zu, bejaht und tut das Gute. Mit dem Kommen des Guten verliert das weniger Gute seine

Durchsetzungskraft, wie das Dunkel entweicht, wenn Licht entzündet wird.

Indem wir bejahen, wirken wir als Lichtbringer, vor denen die Mißhelligkeiten, also das weniger Helle und Erfreuliche, die Schatten der Mißgefühle und Mißstände, zurückweichen.

Indem wir bejahen, lösen wir unbewußte leibseelische Fehlhaltungen und -schaltungen, Verspannungen und Verkrampfungen, Kränkungen und Erkrankungen von innen her, überlassen uns willig dem Geist des Lebens und erfahren alsdann, wie sich alles mehr und mehr kampflos von selbst ordnet.

Indem wir bejahen, daß auch das scheinbar Negative unserem Besten dienen muß, besinnen wir uns auf unser inneres Geborgen- und Beschütztsein, machen im gleichen Maße das Widrige wirkungslos, wachsen darüber hinaus und werden immer lebendiger unseres Einsseins mit dem Lebensganzen und unseres Eingebettetseins im Ewigen bewußt.

KRAFT DURCH RUHE

Wirkliche Ruhe kommt nicht von außen, sondern von innen. „Wenn man sie nicht in sich selbst findet, ist es umsonst, sie anderswo zu suchen."

Diese Feststellung La Rochefoucaulds ergänzt Pestalozzi in seiner „Abendstunde eines Einsiedlers" dahin, daß „der Mensch ohne innere Ruhe auf wilden Wegen wallt. Durst und Drang nach unmöglichen Fernen rauben ihm jeden Genuß des nahen gegenwärtigen Segens und jede Kraft des weisen, geduldigen, lenksamen Geistes."

Damit solche Ruhe und Gelassenheit sich von innen her ausbreiten und uns erfüllen kann, müssen wir zuvor alles Beunruhigende aus uns entlassen, uns also, statt zu klagen und zu sorgen, in Gedanken zu hadern und zu grollen, aus dem Gewißsein, das letztlich alles gut oder zu etwas gut ist, zu immer vollkommenerer *Bejahung* hinwenden. Die Ruhe des Herzens, die Gelassenheit des Gemüts folgt dann von selbst. Und mit ihr die *Kraft* und das Vermögen, alles zu meistern.

In der täglichen Lebenspraxis bedeutet das: Wenn ich am Abend vor dem Einschlafen selbst zu einer Ungerechtigkeit, die mir tagsüber widerfuhr, oder zu einem Erlebnis, das Protestgefühle in mir auslöste, im Hinblick auf ihren nur meinem begrenzten Verstand verborgenen tieferen Sinn und im Vertrauen auf eine höhere Führung und Ordnung *Ja* sage, bewirke ich, daß sich die Wogen des Gedankenmeeres glätten, daß in mir Friede einzieht und eine Ahnung der verborgenen Harmonie im scheinbar Widersinnigen mir aufgeht.

Mit dieser Ahnung erhebt sich zugleich das Ruhe und Kraft spendende Gefühl letzthinnigen Geborgenseins in einem Kosmos, der vom Unendlichen Geist des Guten durchwaltet wird.

Um das noch eindeutiger zu sagen:

Wenn wir in den letzten Augenblicken vor dem Einschlafen nicht nur zum Tage allgemein, sondern im Besonderen selbst zu etwas Widrigem, dem wir mit Gefühlen der Abwehr begegneten, lassend und gelassen Ja sagen, nehmen wir ihm den Stachel, der uns bisher verletzte, und finden zum Frieden.

Wenn wir zu einem Übel ja sagen, nehmen wir ihm die Kraft, uns zu kränken und krank zu machen.

Und wenn wir zu etwas, was wir tagsüber befürchteten, am Ende des Tages Ja sagen, fällt die Angst in sich zusammen und weicht der Ruhe, die nun einzieht und neue Kraft in uns aufquellen läßt.

Nur wenn eine Sorge uns stark bedrängt, nehmen wir sie mit in den Schlaf hinüber mit der Bejahung, daß der innere Helfer und Führer das Problem über Nacht lösen und uns den Weg ins Freie beim Aufwachen oder sonstwann am kommenden Tage bewußt machen wird.

‚Den Seinen' — nämlich denen, die der Hilfe von innen und oben vertrauen — ‚gibt's der Herr im Schlafe' — soweit sie sich dem Schlaf mit der Bejahung ihres Beschütztseins überlassen und auf das Kommen der Lösung vertrauen. —

All dies war vorauszuschicken, damit deutlich wird, womit es den alten Tag zu beschließen und den neuen zu eröffnen gilt, wenn unser irdischer Alltag durchsonnt und nach und nach zu einem Spiegelbild des Ewigen Tages werden und wenn das Höchste, das in uns angelegt ist, sich offenbaren soll: unser *Menschentum,* in dessen Entfaltung Pestalozzi in seinen Abendgedanken die Hoffnung der Zukunft und den Segen der Welt sah; denn „nur durch unser Menschentum und unsere Menschlichkeit wirkt die Kraft der Erleuchtung und der Weisheit und der innere Segen aller Gesetze."

BEWUSSTHEIT ALS LEBENSMACHT

Bevor wir uns am Ende des Tages dem Schlaf überlassen, sollten wir noch einen Augenblick über eine weitere Wahrheit nachsinnen:

Alle Lebensweisheit leitet dahin, daß wir uns gewöhnen, die Bemeisterung des Alltags zunehmend *bewußter* und im gleichen Maße leichter, *spielender* zu vollbringen, ohne Krampf und Anstrengung, die Zeichen und Folgen falschen Krafteinsatzes sind.

Wie wir dazu gelangen, daß uns mehr und mehr alles im Leben spielend gelingt, wird sich im weiteren zeigen.

Dieses ‚spielende Gelingen', auf das hin wir alle angelegt sind und das wir in der Schule des Lebens erlernen sollen, hat vier Voraussetzungen, über die noch zu sprechen sein wird: Bejahung, Vertrauen, Rücksichtnahme und williges Geschehenlassen.

Es sind vier Grundregeln des ‚Lebensspiels', deren Beachtung uns zu Gewinnern macht und deren erste aus erhöhter Bewußtheit dem Lebensgeschehen gegenüber erwächst.

Die Notwendigkeit wachsender Bewußtheit bei allem, was wir sehen und denken, hören und tun, ergibt sich schon aus der Tatsache, daß wir zumeist im Leben zehnmal mehr Dinge und Möglichkeiten übersehen und uns entgehen lassen, als wir wahrnehmen und nützen, also bei erhöhter Wachheit zehnmal mehr aus unserem Leben machen könnten . . .

Der Segen größerer Bewußtheit erstreckt sich nicht nur aufs äußere, sondern auch auf das innere Leben. Sie öffnet uns die Augen für die Tatsache des Hereinragens und Hereinwirkens einer höheren, geistigen Welt in die unseren Sinnen wahrnehmbare physische Welt, für das plan- und weisheitsvolle Wirken schöpferischer Kräfte und Tendenzen hinter allem Geschehen, das wir anfangs als ‚Drang nach vorn' — als

Fortschrittsstreben —, im weiteren als ‚Zug nach oben' — als Vervollkommnungs- und Selbstverwirklichungstrend — spüren.

Je wacher und bewußter wir werden, desto deutlicher enthüllt sich uns der tiefere Sinn unseres Daseins und unser Verwurzeltsein im Ewigen mitten in der Zeitlichkeit. Diese aus zunehmender Bewußtheit erwachsenden Gewißheiten wirken ebenso befriedend wie befreiend; sie machen uns stärker und überlegen, froher und gelassener.

Und nicht zuletzt ermöglichen sie uns die rechte Sicht auch auf die immer rascheren Fortschritte der Technik und Wissenschaft, die heute von so vielen als lebensbedrohend gefürchtet werden.

... Gewiß ist die Atombombe die erste Frucht der Entdeckung der Kern-Energie, aber nicht die letzte. ... Gewiß ist die fortschreitende Verseuchung der Luft, des Wassers und des Bodens und die biologische Entwertung unserer Nahrung eine unbestreitbare Folge noch unzureichenden Gebrauchs wissenschaftlicher Erkenntnisse.

Aber wer tiefer blickt, verwechselt nicht den Mißbrauch des Fortschritts mit diesem selbst, sondern liest an beiden ab, wie weit der Mensch, als kosmisches Wesen, noch auf der Kindheitsstufe steht, also noch lernen, wachsen und reifen muß, bevor er das kosmische Maturum erlangt und als ‚erwachsen' gelten darf ...

Wie alles im Kosmos wächst auch der Mensch mit seinen höheren Zwecken und Aufgaben; und zu den neuen Einsichten, zu denen er heranreift, gehört auch die, daß jedem Mißbrauch der Ausgleich folgt und daß er im Laufe der Zeiten und in stufenweisem Aufstieg zu immer höheren Bewußtseins-Graden lernen wird, diese irdische Lebensschule allmählich in ein Paradies zu verwandeln.

TRAUM-LENKUNG

„Dazu sind Wünsch' und Träume Dir verliehn, um alles, was Dir fehlt, in Deinen Kreis zu ziehn." Dies Wort *Rückerts* läßt vermuten, daß dem Dichter die Praxis der *Traum-Lenkung* nicht unbekannt war.

Gewiß war ihm bewußt, daß der innere Mensch keinen Schlaf kennt, daß die gefühlstärksten Gedanken des Tages, die letzten Impulse am Abend während des Schlafes des Körpers auf einer anderen Bewußtseinsebene weitergesponnen werden, wie auch die Erforschung der Phänomene des Traums und Tiefschlafs gezeigt hat. Er wußte, daß es möglich ist, hierauf Einfluß zu nehmen, und zwar dadurch, daß man mit bestimmten Leitgedanken in den Schlaf eintritt und mit der Bejahung, daß sie im Traum weiter ausgeführt werden.

Die meisten Menschen tun das nicht; deshalb werden die Tageseindrücke plan- und ziellos nach dem Grade ihrer Gefühlsbetontheit im Traum erneut durchgearbeitet, oft ins Phantastische gesteigert und grotesk verzerrt. Dies plastische bis in den Körper ausstrahlende innere Gestalten und Traumerleben kann so weit gehen, daß man morgens schweißgebadet und zerschlagen aufwacht und kaum fähig ist, ein Glied zu rühren. Als Resonanzboden der Seele erlebt der Körper weithin mit, was sie bewegt, aufwühlt, quält und jagt.

Doch das muß nicht sein! Man kann das wogende

Gedankenmeer glätten, kann in den Traumablauf Ordnung und Zielstrebigkeit hineintragen; man kann die inneren Kräfte, Gedanken- und Gefühlsströmungen lenken lernen und sich dienen lassen. Man braucht nur Uhlands Rat zu beherzigen:

„Wenn Deine Wimper neidisch fällt,
Dann muß in Deiner inneren Welt
Ein lichter Traum beginnen.
Dein Auge strahlt nach innen."

Um *lichte Träume* auszulösen, muß man mit entsprechend lichten Gedanken einschlafen. Das Auge muß *‚nach innen strahlen'*: die letzten Bilder, die der Scheinwerfer des Bewußtseins beim Eintritt in den Schlaf auf die Projektionsfläche des Unterbewußtseins wirft, müssen *positiv* strahlen, farbige Bejahungen sein, bildhafte 3-D-Vorstellungen dessen, was wir im Traum erleben und am kommenden Tage verwirklichen wollen.

Diese geistigen Vorwegnahmen müssen so gefühlsintensiv und dynamisch sein, daß selbst der Körper von dieser Hochstimmung ergriffen und mitgerissen wird, wie es im Falle des Anwalts geschah, dessen Erfahrung das Psalm-Wort (127, 2) bestätigt: „Es ist umsonst, daß ihr frühe aufsteht und hernach lange sitzet und euer Brot mit Sorgen esset; denn seinen Freunden gibt's der Herr im Schlafe."

Der Rechtsanwalt hatte eine schwierige Verteidigung übernommen. Jeder Versuch, die rechte Form für seinen Schriftsatz zu finden, mißlang, weshalb er spät abends die Feder hinlegte, die Lösung auf den Morgen verschob und schlafen ging. Als er am anderen Morgen erwachte, fiel ihm die ungelöste Aufgabe ein. Er sprach darüber mit seiner Frau, die ihn erstaunt ansah und fragte: „Und was hast Du während der Nacht gemacht?“

„Ich? Nichts!“

„Doch“, erwiderte sie, „Du bist mitten in der Nacht aufgestanden und hast am Schreibtisch gearbeitet; sieh doch nach! Du mußt Dich doch erinnern.“

Verwundert eilte er an seinen Schreibtisch und fand dort — den schwierigen Schriftsatz in seiner eigenen Schrift fertig vor Augen liegen ...

Was in diesem Falle — und tausend ähnlichen — unbewußt geschah, kann auch bewußt herbeigeführt werden. Man kann dem Unbewußten Aufgaben stellen und erreichen, daß Lösungen aus dem Überbewußten gefunden werden, wie das in solcher Klarheit tagsüber selten möglich ist.

Aber viele werden schon zufrieden sein, wenn sie einmal gelernt haben, ihr Traumleben harmonischer und erfreulicher zu gestalten.

KOPFUHR UND TRAUMLÖSUNGEN

Der lebenfördernden leibseelischen Einrichtungen bedienen wir uns um so erfolgreicher, je deutlicher uns die Verwandtschaft von Schlaf und Tod bewußt wird: wie wir beim Tode unbeschwert alles Vergängliche hinter uns lassen und *heim-kehren,* so sollten wir auch den Schlaf als *Heimgang* werten. Unsere Seele wendet sich heimwärts, um sich in der inneren Welt, in der sie wesenhaft wurzelt, zu regenerieren, indes der ‚innere Arzt‘ im Körper aufbauend, erneuernd und heilend wirkt, soweit wir ihn darin nicht durch negative Gedanken beim Einschlafen hindern ...

Je williger wir uns beim Einschlafen lassen, desto besser dienen uns Kopfuhr, Traum und andere Mittel als Kontakte zur Kraft und Weisheit des Überbewußten.

Um diesen Kontakt von uns aus zu erleichtern, schalten wir zwischen Wachsein und Schlaf eine *Schweigeübung,* verbunden mit rhythmischem Vollatmen, der Sammlung auf die uns bewegende Frage und der Bejahung: „Morgen früh wird mir Klarheit werden; *die Lösung wird mir beim Erwachen einfallen."*

Noch hilfreicher ist die Verbindung der Bejahung mit einer *Terminsetzung,* die auf das Unbewußte aktionssteigernd wirkt: im Schweigen der letzten Minuten vorm Einschlafen schalten wir, ganz dem Atemrhythmus hingegeben, auf die Bejahung um: *„Es möge sich in mir gestalten! Ich werde von der Kopfuhr geweckt, sowie die Lösung gefunden ist."* (Zum Festhalten der Lösung sollte auf dem Nachttisch Papier und Schreibgerät bereitliegen).

Wir können Lösungstermin und Erwachenszeit auch zusammenlegen und dann bejahen (evtl. nicht nur in Gedanken, sondern laut sprechend):

„Die Lösung wird sich in mir gestalten. Ich werde um ... Uhr aufwachen und mein Tagewerk frisch, gestärkt und zielbewußt beginnen. Im Augenblick des Aufwachens (oder wenn ich sie brauche) wird mir die Lösung bewußt werden!"

Bei solcher Bejahung ist es gut, sich den *biologischen Zeitregistrator* (den wir die ‚Kopfuhr' oder den ‚inneren Wecker' nennen und der an den Tag- und Nachtrhythmen unbeirrbar die rechte Zeit abliest) in Gedanken bildhaft als großes Ziffernblatt vor Augen zu halten, auf dem man sich die gewünschte *Erwachens-zeit* in der entsprechenden Zeigerstellung vorstellt.

Der Naturmensch hat noch ein unverbildetes Zeitgefühl. Er besitzt das instinktive Wissen um die Tageszeit, während bei uns der innere Zeitsinn infolge ständigen Uhrengebrauchs meist verkümmert ist. Er ist aber durch Übung erweckbar und macht dann nicht nur Wecker und andere Mittel unnötig, sondern zeigt auch, daß wir, wie Schopenhauer sagt, „oft weiser sind, als wir vermeinen; *denn es gibt etwas Weiseres in uns, als den Kopf"*, nämlich die Weisheit des Überbewußtseins.

Bekannt ist die von Linné konstruierte *‚Blumenuhr'*, die auf der Tatsache beruht, daß bestimmte Pflanzen immer zur gleichen Zeit ihre Blüten öffnen oder schließen, ebenso, daß die verschiedenen Vogel-Arten zu bestimmten Zeiten erwachen.

Auch wir Menschen besitzen diesen Zeit-Instinkt, der auch experimentell erforscht wurde, wobei sich ergab, daß man sich bei entsprechendem Selbstbefehl zu jeder beliebigen Zeit von innen her wecken lassen kann — um so sicherer, je mehr man der Kopfuhr *vertraut*. Geschieht das nicht, wacht man zwar zur gewünschten Zeit (oder kurz vorher) hellwach und frisch auf, schläft aber bis zum Terminerwachen oft unruhiger.

Praktiker gehen hier noch einen Schritt weiter und bejahen, daß im Traum gefundene Lösungen ihnen beim Aufwachen einfallen oder daß der Traum bis zum vorgenommenen Erwachenstermin weiterläuft und zugleich als *Wecktraum* wirkt.

Wer mit der Kopfuhr und auf dem Gebiet der Traumlenkung experimentiert, wird dabei weitere in-

teressante, oft verblüffende Feststellungen machen und wertvolle Einblicke in die seelischen Schaltvorgänge gewinnen.

GESUNDER SCHLAF

Um den Tag erfolgreich zu meistern, müssen wir nachts gut schlafen. Um gut zu schlafen, müssen wir nicht nur die seelischen, sondern auch die körperlichen Voraussetzungen dafür erfüllen.

Wer schlecht schläft, ist tagsüber nicht Herr seiner vollen Kräfte, schlecht aufgelegt und anfällig für Mißstände jeder Art. Schlecht schläft auch, wer zu chemischen Schlafmitteln greift; denn er mindert sein natürliches Schlafvermögen durch Betäubung und verunmöglicht auf die Dauer Heilschlaf und Erholung.

Zu den *körperlichen Voraussetzungen gesunden Schlafes* gehört, daß man spät abends keine Nahrung mehr zu sich nimmt, damit nicht vom überfüllten Magen her Albdrücken und Angstträume entstehen.

Gut ist es, vorm Schlafengehen einen Apfel zu essen oder ein Glas Milch oder Wasser zu trinken, wobei es gilt, *bewußt* zu genießen, also den Apfel in kleinen Bissen langsam zu kauen und jede Schluckbewegung mit der Bejahung zu begleiten, daß der Saft der Frucht reinigend und belebend wirkt. Das Getränk nimmt man in kleinen Schlucken zu sich, schon im Munde seine lösende und kraftspendende Wirkung spürend und das Genossene bewußt mit Lebens- und Heilkraft aufladend.

Diese kraftbejahende und kraftweckende geistige Haltung muß durch Übung erworben und vertieft werden; sowie sie zur Gewohnheit wird, ist die heilsame Wirkung bereits deutlich spürbar.

Auch ein kühles *Fußbad* oder kurzes Wassertreten in der Badewanne vor dem Schlafengehen fördert das Einschlafen und die Schlaftiefe. Das Blut wird dem Kopf entzogen und den Füßen zugeführt, der Kreislauf entlastet, Gehirn und Gedankenmühle kommen leichter zur Ruhe. Wert und Wirkung dieser Gepflogenheit erhöhen wir wesentlich dadurch, daß wir uns beim Fußbad etwa auf die Vorstellung sammeln (und das Bejahte plastisch vorstellen):

„Das kalte Fußbad (das Wassertreten) beruhigt und erfrischt mich! Das Blut strömt zu den Füßen; ich fühle, wie es abwärtsströmt, wie die Füße und Beine warm werden und wohltuende Müdigkeit den Körper erfüllt. Ich werde gut schlafen!"

Der letzte Satz richtet unseren Blick wiederum auf den Schlaf, der uns erquicken soll und das um so leichter kann, wenn der Gedankenstrom weithin abgeschaltet und das Denken auf den Schlaf und den Frieden der Nacht hingelenkt wird und auf die Vorstellung, daß wir am Morgen erquickt und krafterfüllt aufwachen.

Bei dieser Vorstellung atmen wir wiederum langsam, tief, ruhig und rhythmisch aus und ein.

Beim *Ausatmen* denken und fühlen wir: „Ich atme alle Unruhe und Unrast, alles alt, verzagt und krank Machende hinaus und entspanne mit jedem Ausatmen fühlbar alle Muskeln des Körpers und alle Verkrampfungen der Seele!"

Beim *Einatmen* denken und fühlen wir: „Ich atme Kraft und Leben ein!" und in der Pause vor dem Ausatmen fühlen wir: „Ich bin Kraft und Ruhe!"

Wir spüren dabei, wie sich der Atem, wenn er vom Tages- in den Schlafrhythmus übergeht, ändert und langsamer, tiefer, rhythmischer wird, wie sich die Pause zwischen dem Ein- und Ausatmen verlängert und, wenn sie bewußt (aber ohne Anstrengung!) ausgedehnt wird, die Schlafbereitschaft verstärkt und das Einschlafen erleichtert.

Es mag sein, daß wir bei dieser bewußten Atemvertiefung und -verlängerung von selbst einschlafen. Wir haben es dann richtig gemacht und können auf die weiteren Hilfen verzichten.

HINWENDUNG AUF DEN NEUEN TAG

„Ein gut Gewissen ist ein sanftes Ruhekissen.“ Dies Sprichwort gibt der Erfahrung Ausdruck, daß ein mit sich selbst einiges Gemüt die beste Gewähr gesunden Schlafes ist und daß man gut tut, vor dem Einschlafen für Ordnung im Innern zu sorgen.

Diese Feststellung widerlegt auch jene Auffassung, die „das *Gewissen* die *Furcht vor dem Ungewissen*“ nennt. Denn Furcht und Angst — und damit Schlaflosigkeit — können ja nur entstehen, wenn wir *nicht* mit uns selbst in Harmonie sind. Schlafstörungen sind Ausdruck von Angst-Spannungen und zeigen an, wie weit wir uns von uns selbst — unserem allein gewissen Wesenszentrum — entfernt haben.

Wir beseitigen diesen ‚Verlust der Mitte‘ und überwinden Anstrengungen und Schlafstörungen, indem wir uns vertrauend nach innen wenden, uns lassen und uns dem gliederlösenden und kraftspendenden Schlaf hingeben.

Hingabe setzt *Entspannung* voraus. Gut schlafen kann nur, wer entspannt einschläft. Und das muß, wie alles im Leben, *spielend* vor sich gehen, darf nicht ängstlich gesucht werden, sondern soll von selbst kommen und als vom Selbst her kommend vertrauensvoll bejaht werden. Dann ist uns ein störungsfreier, tiefer und heilsamer Schlaf gewiß.

Mulford rät hier mit Recht, im Augenblick der inneren Bewußtseinsverdunkelung beim Einschlafen zuerst und vor allem die Erinnerung an das Trübe und Entmutigende, an Niederlagen, Fehler und Irrtümer des Tages und aller Vergangenheit auszulöschen und nur *ein* Licht brennen zu lassen: die Gewißheit unseres steten Fortschritts und unserer künftigen Siege! Danach sollten wir uns dem Schlaf zuwenden wie einer *Gabe Gottes* und Gelegenheit zur Erneuerung und Durchkraftung des Leibes wie der Seele von innen her. Wenn wir mit dieser Einstellung in den Schlaf entsinken, werden wir nach traumlosem Schlaf am Morgen erfrischt und wie verjüngt erwachen.

Wir handeln recht, wenn wir den Schlaf bejahen, wie es *Goethe* tat: „Süßer Schlaf! Du kommst, wie ein reines Glück, ungebeten, unerfleht am willigsten, lösest die Knoten der strengen Gedanken, vermischest alle Bilder der Freude und des Schmerzes, und ungehindert fließt der Kreis innerer Harmonien."

Wir Heutigen werden diesen Gedanken eine schlichtere Form geben und die Erneuerungs- und Vervollkommnungsarbeit des Selbstes während der Nacht etwa durch folgende *Bejahung* (die wir auch statt der üblichen Schlafzimmerwandsprüche als abendliche Kraftbesinnung neben dem Bett an die Wand hängen, so daß unser letzter Blick darauf fällt) von uns aus zu fördern streben:

„Ich werde in dieser Nacht tief und ruhig schlafen! Mein Atem wird langsam und rhythmisch sein und mir neue Kraft zuführen. Ich werde morgen früh um ... Uhr mit neuer Tatkraft und erhöhter Zielsicherheit aufwachen! Ich werde frisch und froh aufstehen und den neuen Tag des Glücks ziel- und sieggewiß beginnen!"

Wer mit solchen und ähnlichen Kraftgedanken einschläft, der gleitet mit oder ohne heitere Träume in ein friedvolles Reich hinüber, aus dem er am neuen Morgen erneuert, erquickt und gestärkt in den Alltag zurückkehrt mit einem Lebensmut und mit schöpferischen Inspirationen, von deren Dasein und Fülle er früher nichts ahnte.

Und wenn er diese positive Hinwendung auf den neuen Tag Abend für Abend wiederholt, baut er sein ganzes Leben von unten nach oben bewußt neu auf.

WACHE AUF!

Wenn wir am Morgen zu der durch die Kopfuhr festgelegten Minute erwachen, gilt es, uns sofort *hellwach* in den Rhythmus des neuen Tages und des neuen Lebens einzuschwingen.

Jedes Erwachen muß einer Neugeburt gleichen, sonst ist es kein Wachsein, sondern nur ein Hinübergleiten aus einem Traumreich in ein anderes . . .

Wache auf! ist eine Forderung, die nicht nur jeder neue Morgen stellt, sondern die das Leben auch tagsüber in einem fort erhebt. *Wachsein* heißt: bei allem, was wir tun und erleben, mit Leib und Seele, Bewußtsein und Willen positiv und aktiv dabei sein!

Wach sein müssen wir nicht nur nach außen, sondern auch nach innen — gegenüber unserem Selbst als dem leitenden Genius in uns, dessen Willen und Weisungen es zu erkennen und zu befolgen gilt. So heißt Wachsein: wachsam, aufgeschlossen und schweigend nach innen horchen und gehorchen und zugleich nach außen positiv reagieren und aktiv handeln.

Gustav *Meyrink* gab dieser Forderung (in seinem Roman „Das grüne Gesicht") eine klassische Formulierung:

„Wach sein ist alles!

Von nichts ist der Mensch tagsüber so fest überzeugt wie davon, daß er wach sei; dennoch ist er in Wirklichkeit in einem Netz gefangen, das er sich selbst aus Schlaf und Traum gewebt hat. Je dichter das Netz, desto mächtiger herrscht der Schlaf; die darein verstrickt sind, das sind die Schlafenden, die durchs Leben gehen wie Herdenvieh, stumpf, gleichgültig und gedankenlos . . .

. . . Einige unter den Menschen hat's gegeben und gibt es noch, die *wußten* gar wohl, daß sie träumten — Pioniere, die bis zu den Bollwerken vorgedrungen sind, hinter denen sich das ewig wache *Selbst* verbirgt, Seher wie Goethe, Schopenhauer, Kant . . . Aber ihr Schlachtruf hat die Schläfer nicht geweckt.

Wach sein ist alles!

Sei wach bei allem, was Du tust! Glaube nicht, daß Du's schon bist! Raff Dich zusammen und zwinge Dich einen Augenblick zu dem körperdurchrieselnden Gefühl: *„Jetzt bin ich wach!"*

Gelingt es Dir, das zu empfinden, dann erkennst Du zugleich, daß der Zustand, in dem Du Dich soeben noch befandest, dagegen wie Betäubung und Schlaftrunkenheit erscheint.

Auf diese Weise geh vorwärts von Aufwachen zu Aufwachen. Es gibt keinen quälenden Gedanken, den Du damit nicht bannen kannst. Die Schmerzen fallen von Dir ab wie welkes Laub, wenn Du einmal so weit bist, daß jenes Wachsein auch Deinen Körper ergreift.

Von einer Sprosse immer helleren Wachseins zur anderen mußt Du steigen. Schon die erste Sprosse dieser Himmelsleiter heißt: Genie; wie erst sollen wir die höheren Stufen benennen!

Auf dem Wege zum Erwachen wird der erste Feind, der sich Dir entgegenstellt, Dein eigener Körper sein. Bis zum ersten Hahnenschrei wird er mit Dir kämpfen;

erblickst Du aber den Tag des ewigen Wachseins, der Dich fernrückt von allen Schlafwandlern, die da glauben, sie seien wache Menschen, und nicht wissen, daß sie schlafende Götter sind, dann verschwindet für Dich auch der Schlaf des Körpers, und das Weltall ist Dir untertan."

Den ersten Schritt zu diesem größeren Wachsein, von dem alle Heiligen Schriften künden, tun wir jeden Morgen beim Erwachen, wenn wir bewußt aufwachen und es wie eine Wiedergeburt erleben. Wir erreichen es, wenn wir den im weiteren gegebenen Anleitungen folgen.

WACH SEIN IST ALLES!

Wenn wir am Morgen die Augen öffnen, gilt es, sofort richtig aufzuwachen! Dazu recken und strecken wir uns, damit auch der *Körper* weiß: Jetzt bin ich *wach!* Wir richten uns auf, atmen tief aus und ein und lassen alles in uns klingen von Kraft und Mut und Glücksbereitschaft.

Wir schalten uns bewußt ein in den Rhythmus des neuen Tages, dessen Quell die aufgehende Sonne und dessen Wesen Harmonie und Freude ist.

Je lebendiger wir uns in diesen positiven Rhythmus versetzen, desto inniger wird unser Kontakt mit dem ewig wachen inneren Leben und unsere Harmonie mit dem Geist des Lebens, und desto lichter und glücklicher wird der neue Tag.

Alles in uns muß sich auf den neuen Tag freuen, den wir bewußt mit einem neuen Geist erfüllen. Damit tun wir den ersten Schritt zu jenem *neuen Menschen,* der sich vom ‚alten Menschen', wie Meyrink sagt, so grundlegend unterscheidet wie Wähnen und Wissen:

Der *alte Mensch,* der noch schläft und nicht weiß, was Wachsein bedeutet, wähnt, daß für ihn ein Tag des Erwachens zum ewigen Leben kommen werde, während der *neue Mensch,* der im Erwachen steht, weiß, „daß eine Zeit kommt, wo viele erwachen und von den noch Schlafenden getrennt sein werden wie die Herren von den Sklaven. Er weiß, daß es kein Böses und Gutes gibt, sondern nur ein ‚Falsch' und ‚Richtig'.

Der alte Mensch wähnt, daß ‚Wachen' ein Offenhalten der Sinne und Augen und ein Aufbleiben des Körpers während der Nacht sei; der neue Mensch weiß, daß Wachsein ein Aufwachen des unvergänglichen Selbstes bedeutet und die Schlummerlosigkeit des Leibes eine natürliche Folge davon ist.

Der alte Mensch wähnt, der Körper müsse verachtet und vernachlässigt werden, weil er sündig sei; der neue Mensch weiß, daß Sünde ein Ich-Wahn ist, daß der Körper der Anfang ist, mit dem er zu beginnen hat, und daß er auf die Erde gekommen ist, um den Körper in Geist zu verwandeln".

Der einfachste Weg zu diesem Ziel führt über die wach-bewußte *Bejahung,* die wir dem Öffnen der Augen am Morgen folgen lassen:

„*Jetzt bin ich wach!* Ich fühle mich frisch und neugeboren, lebendig und stark. Jedes Glied, jeder Teil meines Körpers, jeder Muskel, jede Zelle atmet Kraft, Leben und Frische! Ich bin Kraft! Der heutige Tag wird für mich ein Tag der Selbstverwirklichung und Kraftentfaltung sein, der Freude und des Glückes!"

Diese Kraftbejahung sprechen wir in Gedanken oder Worten langsam und bewußt aus, konzentrieren uns dabei auf den Sinn der Sätze, *fühlen,* was sie aussagen, lassen sie bewußt in uns Wirklichkeit werden. Wir atmen Kraft, Frische, Leben ein und alle Müdigkeit aus — und fühlen dabei die Beschwingtheit unserer Gedanken und unseres Körpers.

Dieser erste wache Augenblick am Morgen ist für den ganzen Tag richtunggebend und entscheidend. Er bildet das Fundament der Sinnerfüllung des Lebens und macht uns wach und würdig für die Glücksgelegenheiten des Tages, an denen die Schlafenden gedankenlos vorübergehen.

Wachsein ist alles! Wohl dem, der dessen im ersten Augenblick des Innewerdens des neuen Tages bewußt ist!

DER RECHTS-RHYTHMUS

Um uns beim Erwachen am Morgen unmittelbar in den Rhythmus des neuen Tages einzuschalten, gilt es, uns nicht lange im Bett zu räkeln und herumzuwälzen, sondern uns nach der Bejahung des neuen Tages sogleich zu erheben und dem rechten Rhythmus schon durch die erste Bewegung beim Aufstehen bewußt Ausdruck zu geben.

Was heißt das? Zu einem Menschen, der schon am Morgen griesgrämig vor sich hinstarrt und offensichtlich noch nicht ganz wach und bei sich selbst ist, sagt man scherzend: „Du bist wohl mit dem *linken Fuß* aufgestanden!"

Dieser Bemerkung liegt das instinktive Gefühl zugrunde, daß *‚links'* (und *‚linkisch'*, das schon der sprachlichen Herkunft nach ‚lahm', ‚schlaff', ‚matt' bedeutet) gewissermaßen das *Falsche* und Lebenswidrige bezeichnet, die mangelnde Wachheit und Gegenwart des Geistes, die Unglück bringt, *rechts* hingegen das *Richtige* und Glückverbürgende.

Wir ziehen daraus eine einfache praktische Folgerung dahingehend, daß wir bewußt *rechts aufstehen.* Und wir schaffen den entsprechenden positiven psychischen Automatismus dadurch, daß wir das Rechtsaufstehen einige Zeit hindurch mit der *Bejahung* begleiten:

„Ich steige mit dem rechten Fuß aus dem Bett! Ich stehe rechts auf! Ich handle von Anfang an richtig! Ich habe die richtige Einstellung. Ich lebe und handle im Rechts-Rhythmus und schalte mich damit voll bewußt in den Schwung und Trend des aufsteigenden Lebens ein!"

Mit dieser einfachen Gepflogenheit und Einstellung verankern wir in unserem Bewußtsein und Unterbewußtsein die rechte Grundhaltung für den ganzen Tag.

Man denke nicht, das sei unwichtig, sondern versuche es einmal eine Weile! Man wird dann bald entdecken, wie sich dieser Rechts-Rhythmus im Ablauf des Tages ordnend, harmonisierend und glückbringend auswirkt.

Und auch die Umwelt spürt es bald an unserer aufrechten und zugleich gelockerten und positiven Haltung und erhöhten Wachheit und Aufgeschlossenheit.

Wer schon am Morgen lässig oder steif, müde und krumm daherkommt, als trüge er alle Sorgen der Welt und wage es nicht, unbeschwert zum Himmel aufzublicken, der kann schon durch die Gewöhnung an den Rechts-Rhythmus seinen bisher düsteren und freudenarmen Alltag binnen weniger Wochen durchlichten.

Die Folge wird sein, daß seine Gedanken sich aufhellen und seine Haltung sich aufrichtet und zum sichtbaren Ausdruck seines Selbstvertrauens und Lebensmutes wird.

Rechte Haltung bedeutet, daß wir uns nicht mehr gehen lassen oder uns in verbitterter Ichhaftigkeit verkrampfen, sondern durch unsere bewußt aufrechte und gerade Haltung beim Sitzen, Gehen und Stehen klarstellen, daß wir, richtig denkend, ständig wach und bereit sind, uns richtig zu halten und zu verhalten, um so die bestmöglichen Verhältnisse um uns zu schaffen.

Um so leichter werden wir alles Krumme und Widrige im Alltag gerade biegen und in Ordnung bringen.

Und dabei wird sich von Mal zu Mal deutlicher zeigen, wie weitgehend unsere Verhältnisse durch unser Verhalten bestimmt werden und unserer Haltung und Einstellung entsprechen.

Am Ende erkennen wir, wie sehr alles im Leben und Alltagsgeschehen *Entsprechung* innerer Zustände ist.

MORGENSTUND HAT GOLD IM MUND

Von Benjamin *Franklin* stammt der Spruch: „Early to bed and early to rise makes a man healthy, wealthy and wise" — auf Deutsch: „Früh ins Bett und früh wieder auf sichert einen glücklichen, weisen und gesunden Lebenslauf."

Lange vor Franklin erkannte *Hesiod:* „Morgenfrühe gewährt ein Dritteil vom Tagwerk; Morgenfrühe verkürzt den Weg und die Arbeit.“ Und noch älter ist die Weisheit der Edda: „Manches versäumt, wer am Morgen noch schläft; dem Hurtigen ward schon halb der Schatz.“

Der gleichen Einsicht gab *Lichtenberg* Ausdruck: „Weil die Menschen sehr geneigt zum Aufschieben und zur Langsamkeit sind und gemeiniglich das, was um fünf Uhr früh vor sich gehen sollte, erst um sechs oder noch später geschieht, kann man sicher darauf rechnen, daß man die Oberhand in einer Sache behält, wenn man alles so früh wie möglich und ohne Verzug beginnt.“

Zum bewußten Aufwachen und frischfrohen Aufstehen im Rechts-Rhythmus kommt als dritte Hilfe bei der Meisterung des Alltags das *Früh-Aufstehen.*

Viele Große und Erfolgreiche sind Morgenarbeiter: sie erkannten instinktiv oder entdeckten im Laufe der Zeit, daß die Stunden vor Mitternacht für den Schlaf, die Stunden des frühen Morgens für das Tagwerk doppelt zählen und daß man um so frischer und dynamischer ist, je früher man den Tag beginnt.

Und wie er beginnt, so bleibt er in der Regel ...

Es ist also keineswegs belanglos, um welche Zeit wir mit der bewußten Einschaltung in den Tagesrhythmus beginnen. Richtig handelt, wer dem *Sonnen-Rhythmus* folgt und allmorgendlich vor der Sonne da ist. Ihm werden, wie die Sonne, Freude und Glück die ersten und schließlich ständigen Begleiter.

Er erweist sich damit als Träger des *aufsteigenden Lebens* im Sinne Nietzsches: „Ich unterscheide einen

Typus des aufsteigenden Lebens und einen anderen des Niedergangs, des Verfalls und der Schwäche. Soll man glauben, daß die Rangfrage zwischen beiden Typen noch zu stellen ist?"

Die Rangfrage ist durch die Praxis längst entschieden. Je *früher* man sich nämlich erhebt und je *bewußter* man sich in den Sonnenrhythmus aufsteigenden Lebens einschaltet, desto leichter wird es erfahrungsgemäß, den neuen Tag mit der Leben und Kraft spendenden Bejahung zu beginnen und zu dynamisieren, daß er der wichtigste und glückreichste Tag des bisherigen Daseins wird, und ihn mit der Einstellung voll auszukosten: „Dieser Tag wird ein glücklicher Tag! Er wird lichter und schöner als alle Tage bisher!"

Es ist im übrigen auch nicht so, daß „die Morgenstunde den Musen günstig ist", wie ein lateinisches Sprichwort besagt, also vornehmlich und vorweg den *Geistesarbeiter* mit lebensfrischen Inspirationen und Intuitionen beglückt und ihm das Schaffen leicht macht; vielmehr hat die Morgenstunde auch für alle sonstigen Schaffenden ‚Gold im Munde' und bietet ihnen mannigfache Möglichkeiten, einen wesentlichen, qualitativ hochwertigen und glückentscheidenden Teil ihres Tagewerks zu vollbringen, bevor die anderen, die ‚zum Aufschieben und zur Langsamkeit Neigenden, sich den Schlaf aus den Augen gerieben haben.

Wer es ausprobiert, entdeckt noch mehr Vorteile.

MIT JEDEM TAGE BESSER...

Um dem neuen Tage von der ersten Minute an den rechten Rhythmus und positiven Schwung und der schweigend wirkenden Macht der Gedanken die Richtung nach oben zu geben, können wir uns mit Erfolg auch der allgemeinen *Coué*-Formel als Startsignal für den Tagesablauf bedienen: *„Heute ist ein Glückstag! Heute und alle kommenden Tage geht es mir immer besser und besser!"*

Wir fördern dieses Wohlergehen, wenn wir ebenfalls von der ersten Minute an das Gute nicht nur bejahen, sondern auch *tun*. Im gleichen Maße können wir uns den ganzen Tag hindurch geborgen fühlen und gewiß sein, daß alles bestens geordnet ist und daß dieser Tag ein guter Tag wird.

Das werde wörtlich verstanden! Wir erfüllen den Tag mit dem Geist des Gelingens, wenn wir Nietzsche's Rat befolgen: „Das beste Mittel, jeden Tag gut zu beginnen, ist: beim Erwachen daran zu denken, ob man nicht wenigstens einem Menschen an diesem Tage eine Freude machen kann."

Dieser Impuls der Liebe durchsonnt den ganzen Tag, selbst wenn es draußen regnet.

Das empfand auch Lavater, als er in sein „Geheimes Tagebuch" den Satz schrieb: „Wer da weiß, wieviel Gutes sich an einem Tage tun läßt, der wird einen Tag, den er verschwendet hat, für einen beweinenswerten Verlust halten."

Nun, wir werden keinen Tag vergeuden, sondern danach trachten, jede Stunde glückbejahend und freudespendend so bedeutsam und reich wie möglich zu machen — immer bereit, zu *geben* und alles, was kommt, aufgeschlossen und bejahend als Lehrstoff und Mittel zum Fortschritt willkommen zu heißen. —

Wenn wir bejahen, daß jeder Tag ein glücklicher Tag

ist, ist damit also nicht zuerst das *Haben* gemeint, sondern das *Sein*, dem das Haben von selbst folgt.

Wenn wir den Tag *gut* nennen, ist unser Blick weniger darauf gerichtet, wieviel Gutes wir besitzen oder haben werden, als darauf, daß wir gut *sind* und das Gute *tun*. Das Gut-Haben ergibt sich daraus von selbst.

Wenn wir den Tag *erfolgreich* heißen, ist unser Blick nicht zuerst darauf eingestellt, daß wir im einzelnen Erfolg *haben*, sondern vor allem darauf, daß wir im ganzen selbst ein Erfolg *werden*. Sind wir es, folgen die äußeren Erfolge von selbst.

Wenn wir den Tag bewußt als *Glückstag* begrüßen, steht nicht das einzelne Glückhaben im Vordergrund, sondern unser *durchgängiges Glücklichsein* als der Mutterboden, auf dem alles Gute gedeiht.

Und wenn wir den Tag *schön* nennen, heißt das nicht nur, daß wir es schön haben werden, sondern auch und vor allem, daß wir uns als ‚*schöne Seele*' bewähren, uns allen Wesen von unserer lichten Seite zeigen und, allezeit unser Bestes gebend, in Schönheit leben.

Das meint Schiller, wenn er sagt: „Bei einer schönen Seele sind die einzelnen Handlungen nicht eigentlich sittlich, sondern *der ganze Charakter* ist es. Man kann ihr auch keine einzige Handlung als Verdienst anrechnen, weil eine Befriedigung des Triebes nicht verdienstlich heißen kann. Die schöne Seele hat kein anderes Verdienst, als daß sie *ist*."

Die Folge ist, daß es ihr nach dem Gesetz von Ursache und Wirkung von selbst mit jedem neuen Tage besser geht und alles, was sie unternimmt, zum Gelingen führt, soweit dieses Gelingen ihrem Fortschritt und ihrer Vervollkommnung dienlich ist.

LEBENSKRAFT DURCH ATMEN

Wenn wir wissen wollen, wie es in uns aussieht, sollten wir auf unseren *Atem* achten: wenn wir innerlich uneins sind, angstverkrampft, gehemmt, ist unser Atem flach und unrhythmisch.

Jede Atemhemmung ist Ausdruck leibseelischer Harmoniestörungen, innerer Fehlschaltungen und -haltungen, die nach dem Gesetz der Wechselwirkung wiederum durch bewußte Atemregulierung entwurzelt und überwunden werden können.

Durch langsames, tiefes, rhythmisches, *bewußtes Kraftatmen* können wir auf den leibseelischen Organismus ordnend, harmonisierend und heilungfördernd einwirken, also uns gesund atmen. *) Am besten beginnen wir damit morgens gleich nach dem Aufwachen und Aufstehen:

Sowie wir das Bett verlassen haben, werden wir uns als erstes behaglich *‚nach der Decke strecken'*. (Wenn man das im täglichen Leben *muß*, ist es nicht so angenehm; aber als geistige Übung ist es sehr empfehlenswert).

Wir stellen uns vor das geöffnete Fenster, atmen zuerst langsam tief *aus*, wobei sich die Bauchdecke leicht nach innen wölbt, und dann ebenso langsam tief *ein*, wobei sich zuerst der Bauch vorwölbt und am Ende die Brust leicht hebt. Beim Einatmen erheben wir uns auf die Zehen und strecken die Arme aufwärts gegen die Decke. Dann halten wir den Atem kurz zurück und atmen beim anschließenden Senken der Füße und Arme

---

*) Das ist ausführlich dargelegt in der Schrift des Verfassers: *„Kraft durch Atmen"* (Baum-Verlag).

mit gespitztem Mund auf ‚f' pfeifend wieder aus. Das Ganze wiederholen wir 3—5mal.

Erfolgentscheidend ist dabei, daß wir die Übung bewußt vollziehen, also während derselben intensiv bejahen und fühlen: „*Ich atme Kraft!* Der Sauerstoff der Luft erfüllt meine Lungen und treibt die Schlacken der Nacht hinaus. Mit dem Atemstrom sauge ich *neue Lebenskraft* in mich hinein. Sie durchströmt alle Zellen meines Körpers und erfüllt mich mit neuer Energie! Ich fühle mich wie neugeboren!"

Bewußt atmen heißt den Körper biomagnetisch aufladen.

Das ist buchstäblich gemeint: Mit dem Atemstrom nehmen wir nicht nur *Sauerstoff*, sondern, soweit wir bewußt atmen, auch jenen ‚*Lebensstoff*' in uns auf, den indische Weisheit ‚*Prana*' nennt. Prana ist eine in der Luft wie im Wasser und in aller Materie, besonders in organischen Stoffen vorhandene *Vitalenergie*, deren Dasein man zwar noch nicht physikalisch nachweisen, deren Gegenwart und Wirken man aber jederzeit erfahren und erleben kann, wenn man gelernt hat, sie durch entsprechende Gedankenschaltung zu assimilieren und zu aktivieren.

Diese ersten Andeutungen mögen hier genügen, um darzutun, daß das Atmen — wie auch das Essen und Trinken — kein nur-körperlicher Vorgang ist, sondern ein energetischer leib-seelischer Prozeß, und daß *Kraftatmen* kein modisches Schlagwort ist, sondern eine überaus wirksame Methode der Selbstdynamisierung, wie im weiteren dargetan werden wird.

Durch die oben erwähnte erste Morgenatemübung schalten wir uns gewissermaßen in den Kraftrhythmus des neuen Tages ein, machen uns empfänglich für die positiven magnetischen Strömungen, von denen wir den ganzen Tag hindurch umspült und sympathisch berührt werden.

Wir spüren dabei von Tag zu Tag mehr, daß unser leibseelischer Organismus ein Akkumulator mit fast unbegrenzter Aufladefähigkeit ist, und lernen allmählich, uns schon mit den ersten bewußten Atemzügen am Morgen mit Lebensmagnetismus zu erfüllen.

REINHEIT AUSSEN UND INNEN

„Ohne Wasser ist kein Heil", sagt Goethe, und Kneipp bewies es durch sein Heilverfahren, das im wesentlichen auf Wasseranwendungen beruht.

Nach einem türkischen Sprichwort wird „durch Wasser jedes Ding lebendig" — wenn und soweit man sich die in ihm latent vorhandene Kraft durch *bewußte* Anwendung dienen läßt.

Wenn wir uns morgens nach dem Aufstehen *waschen,* machen wir diese Reinigung zugleich zu einer symbolischen Handlung und wandeln sie in einen Genuß, dem wir uns konzentriert hingeben. Unsere Gedanken sind beim Waschen und nirgends sonst. Wir erreichen und vertiefen dies durch entsprechende *Bejahung* beim Waschen:

„Belebende Kraft und wohlige Wärme durchfluten Haut und Körper. Das Blut kreist schneller und nimmt aus der Luft wie aus dem Wasser Lebenskraft auf. Ich fühle, wie die Berührung mit dem Wasser mich mit Frische und neuer Energie erfüllt. Alle Poren saugen Kraft! Ich bin Kraft!"

Es gilt, beim Waschen lebendig zu fühlen, wie durch das Wasser gewissermaßen alles Alte, Abgelebte vom Körper gelöst und weggeschwemmt wird und wie der neue Mensch zum Vorschein kommt.

Durch solche *Dynamisierung* jener Handlungen, die zumeist gedankenlos und unbeteiligt vollzogen werden, geben wir der leibseelischen Erneuerung wirkstarke positive Impulse.

Unnötig, im einzelnen auszuführen, was beim Reinigen der *Zähne,* des *Mundes,* der *Ohren* usw. zu bejahen ist. Es ist gut, wenn wir selbst die entsprechenden Bejahungen bilden und von Tag zu Tag variieren, um jede Einzelverrichtung immer wieder *bewußt* zu vollziehen. Wir reinigen uns auf diese Weise *doppelt:* äußerlich und innerlich.

Sehr bekömmlich ist es, nach dem Zähneputzen etwas frisches Wasser zu *trinken.* Das wirkt nicht nur auf den Magen reinigend und anregend, sondern behebt auch etwaige Darmträgheit, — um so mehr, wenn man das Wasser nicht gedankenlos hinuntergießt, sondern es schluckweise und bewußt genießt, also bejaht, daß auch das Wasser Träger der *Lebenskraft* ist, die wir ihm bewußt entziehen.

Wir spüren dann, wie die dem Wasser innewohnende Lebensenergie uns innerlich erquickt und reinigt. Wir bejahen beim Trinken etwa: „Das Wasser tut mir gut. Es erfrischt mich und fördert meine Gesundheit. Ich entziehe dem Wasser die Lebenskraft und fühle, wie ich von ihr durchflutet und erneuert werde. Ich bin Kraft!"

Die Technik arbeitet mit physischen und atomaren Kräften. Aber die Natur stellt uns darüber hinaus nachhaltiger wirkende Kräfte, *Vitalenergien* und geistige Kräfte, zur Verfügung, die wir bisher nur unreichend kennen und nützen. Wir handeln lebensgerecht und weise, wenn wir damit beginnen, diese feineren Kräfte und Potenzen mehr und mehr aus allem herauszuziehen und immer bewußter in den Dienst unserer Gesundheit und unseres inneren und äußeren Wachstums und Fortschritts zu stellen.

Wir sind darauf angelegt und dazu imstande — durch unseren leibseelischen Organismus, dessen Möglichkeiten wir noch bei weitem nicht erkannt, geschweige denn ausgeschöpft haben, wie sich im weiteren zeigen wird.

DAS NEUE KÖRPER-GEFÜHL

Der neue Rhythmus und dynamische Schwung, den wir durch die Gewöhnung an *bewußtes Handeln* und *Bejahen* in unser Leben hineintragen, erstreckt sich auch auf den Körper.

Was bisher hier dargelegt wurde und weiter an leben- und kraftsteigernden Impulsen für die Meisterung des Alltags vermittelt wird, dient und verhilft uns dazu, ein *neues Körpergefühl* zu gewinnen, unseren Leibesorganismus aus der Dumpfheit der Kaumbewußtheit zu befreien, ihn stufenweise zu durchgeistigen und in ein williges Werkzeug des Geistes umzuformen.

Wie der jahrtausendealte *Yoga* lehrt und beweist, können wir mit dem Körper und den einzelnen Organen sprechen, können jedes Organ ermuntern, anregen und zu besserem Dienst wie auch dazu veranlassen, daß es von sich aus zu unserem Gesundsein beiträgt.

Hierbei handelt es sich nicht darum, den Organen unseren Willen aufzuzwingen; wir müssen vielmehr lernen, sie als unsere Freunde und Gehilfen zu werten und den, der sie ohne bewußtes Zutun lenkt, den ‚inneren Arzt', den inneren Helfer oder ‚Ingenieur in uns', zu bitten, er möge den Organen und dem Körper insgesamt zu Harmonie, Heilsein und wachsender Kraft verhelfen, damit sie ihre Pflicht gut erfüllen. Wiederum ist hier die *Bejahung* die einfachste Form, sich der Hilfe des inneren Arztes zu vergewissern.

Wir tun gut, dabei Seneca zu folgen: „Liebe und Sorgfalt gegenüber dem Körper ist uns angeboren und selbstverständlich. Das bedeutet aber nicht, daß wir den Körper anbeten, ihm nachgeben, seine Sklaven werden und das leibliche Leben und Genießen für das wichtigste halten. Wir sollen uns nicht so verhalten, als ob wir des Körpers wegen leben, sondern so, als wenn wir ohne ihn nicht leben können."

Mit anderen Worten: Wir brauchen den Körper, um uns zu äußern, zu betätigen und zu entwickeln, um wacher, reifer und vollkommener zu werden. Er ist in der irdischen Lebensschule gewissermaßen unser Schulkleid und Lernwerkzeug und für unsere Höherentfaltung und Selbstverwirklichung ebenso wichtig wie unentbehrlich.

Bejahung des Leibes bedeutet darum auch Pflege des Leibes, wie wir Geist und Gemüt pflegen.

Es genügt aber nicht, nur um der Durchsetzung und des Erfolges willen den Körper zu ertüchtigen und gesund zu halten; vielmehr soll der Körper uns ein Mittel zur Erfüllung unserer Bestimmung sein — und das kann er nur, wenn er sozusagen geist-durchlässig und zum sichtbaren Ausdruck der Leib-Seele-Geist-Einheit wird: zu unserer *sichtbaren Gestalt,* durch die der *unsichtbare Gestalter in uns* sich so vollkommen wie möglich offenbaren kann.

Wir fördern diesen Prozeß, wenn wir uns oft vergegenwärtigen, *daß unser Körper* — den Klages „die Erscheinungsform der Seele" und Morgenstern noch treffender den „Übersetzer der Seele ins Sichtbare" nennt — *geistgeboren* und *gedankengewoben* ist und darum durch unsere Gedanken am stärksten beeinflußt, geformt und gewandelt wird, je nach der Richtung unserer vorherrschenden und gefühlsstärksten Gedanken . . .

Als Sichtgebilde des Geistes wertet auch der Mystiker den Körper, wenn er uns rät:

„Die Seel' ist ein Kristall, die Gottheit ist ihr Schein,
Der Leib, in dem Du lebst, ist ihrer beider Schrein.
Drum halt' den Leib in Ehren, er ist ein Edelschrein,
In dem das Bildnis Gottes mög' wohl verkörpert sein!"

KÖRPERKLEIDER UND SEELENKLEID

Da die Außenseite des Menschen gemeinhin als Titelblatt des Innern gilt, lohnt es sich, wie die Körperpflege auch das Anlegen der *Kleider* am Morgen bedächtiger und bewußter als bisher vorzunehmen.

Gerade weil das Leben aus Kleinigkeiten besteht, die, recht gemeistert, den Alltag durchsonnen und das Dasein glückreicher machen, werden wir auch das Ankleiden benützen, um uns in der Gedankenkonzentration und positiven Hochstimmung zu üben.

Schon das Gesammeltsein auf den Gedanken: „Ich kleide mich an!" ist ein kleiner Beitrag zur Dynamisierung unseres Tuns durch gedankliche Bejahung und erhöht unsere Fähigkeit, uns auch bei anderen Dingen jeweils ausschließlich auf diese zu konzentrieren und der Hauptursache der allgemeinen Zersplitterung, Unrast und Friedlosigkeit entgegenzuwirken: dem Mangel an Konzentration, an Bewußtheit und innerer Einheit.

Weiter können wir uns beim Ankleiden in *Gelassenheit* üben, indem wir jede Bewegung bewußt ohne Hast und mit Liebe vollziehen. Auch die kleinen Dinge wollen ruhig, harmonisch und *spielend* erledigt sein. Beachten wir das, dann verstärken wir dadurch abermals die neue positive Einstellung und Stimmung für den ganzen Tag.

Und schließlich können wir uns beim Anziehen besinnen, daß wir dadurch und durch die begleitenden Gedanken nicht nur unserem Körper die rechte äußere Gewandung, sondern auch unserer Persönlichkeit das entsprechend ‚anziehende' Gesicht und Ansehen geben.

Dabei mag uns aufgehen, daß unsere Kleidung im Grunde keine nur physische, sondern immer zugleich auch eine geistig-gedankliche Hülle ist:

Wir lernten bereits, den *Körper* als Kleid der Seele, also den Leib beseelt und im gleichen Maße die Seele verleiblicht zu sehen und beider Einheit und Durchwaltetsein vom Geist zu bejahen.

Wir können nun diese Bejahung auch auf die *Körperkleidung* ausdehnen, sie als äußerste Gewandung der Seele und des Geistes achten und bewußt dafür sorgen, daß selbst durch diese äußerste Hülle noch der lichte Kern unseres Wesens durchschimmert und zum Ausdruck kommt.

Das bedeutet, daß wir, soweit uns dies möglich ist, das Wiederanlegen alter Kleider, die, wie Mulford sagt, förmlich mit abgestandenen Gedanken und Gefühlen gesättigt und imprägniert sind und sie auf uns zurückstrahlen, vermeiden und uns oft frisch, neu und festlich kleiden und der Natur darin wie auch in der Wahl heller und lebensfroher Farben folgen.

Denn „was das Auge erfreut, erfrischt Seele und Körper“ und erhöht unser Selbstvertrauen und Lebensgefühl. Und wer fühlt sich nicht in neuen Kleidern als neuer Mensch und dem Alltag enthoben.

Dabei sollte es gleich sein, ob wir unter Menschen gehen oder allein sind: in beiden Fällen ist Gedankenlosigkeit und Nachlässigkeit in der Kleidung eine Kränkung des Leibes und Herabsetzung unserer selbst, eine Minderung unseres persönlichen Magnetismus, unserer Glückswürdigkeit und unserer Glücksmöglichkeiten.

Die Beachtung dieser Kleinigkeiten führt nicht nur zur Steigerung und Vertiefung des neuen Körpergefühls, von dem schon die Rede war, sondern erweckt in uns auch ein neues Seins-Bewußtsein und hilft uns, schrittweise in jenes neue Leben hineinzuwachsen, das größer, reicher und beglückender ist als jenes, das uns im Alltag bewußt wird.

GEDANKEN BEIM FRÜHSTÜCK

„Solang' ich nüchtern, bin ich träg und dumm; doch nach dem Frühstück schon kommt Witz und Klugheit", heißt es bei Grillparzer. Beides kommt mit Sicherheit, wenn wir beim Frühstück beachten, daß nicht nur der *Körper*, sondern auch die *Seele* der rechten Nahrung bedarf.

Zur *Seelennahrung* gehören: Besinnlichkeit und frohe Stimmung, Ruhe und Optimismus, Selbstvertrauen und Lebensmut, Bejahung und Dankbarkeit, Wohlwollen und Liebe und all jene höheren Kräfte, die wir durch Entspannung und Stillesein, Konzentration, Meditation und andere psychodynamische Methoden aus den Urquellen des inneren Lebens schöpfen.

Diese der Ernährung des Körpers vorausgehende *Seelenstillung* ist eines der Kennzeichen des neuen Menschen: er wendet sich vor dem Frühstück für einige Augenblicke nach innen, fühlt sich in dieser Minute des Schweigens allen Wesen brüderlich nahe, erfüllt sein Gemüt mit dem Gewißsein inneren Einsseins mit allem, was lebt, und mit dem Wunsch nach Frieden und Glück für alle Geschöpfe.

Dieser Seelenstillung entspricht das Gebet vor dem Essen: es ist gleichermaßen Besinnung auf die Lebenskraft, die wir mit der Nahrung empfangen, und Dank an den Geist des Lebens, den wir dafür empfinden, daß die Natur uns mit der Nahrung täglich aufs neue ihr Bestes gibt, sich uns gewissermaßen hingibt, wie wir uns mit ihr verbunden wissen.

Nachdem wir unsere Seele gestillt haben, wenden wir uns der leiblichen Sättigung zu und beachten hier als erstes, daß wir auch die Nahrungsaufnahme *bewußt* vollziehen.

Denn wer beim Frühstück schon an die Arbeit denkt, an den Weg ins Büro, das nächste Telefongespräch oder eine Auseinandersetzung mit einem Mitarbeiter oder Kunden, der hat vom Frühstück keinen Gewinn und wird auch die Dinge, an die er sorgenvoll vorausdachte, kaum meistern. Darum gilt:

Wenn wir frühstücken, frühstücken wir, geben uns ausschließlich dem Genuß des Essens hin, *bejahen*, daß es uns stärkt und wohl bekommt. Alle Gedanken, die uns zum Abschweifen verleiten wollen, weisen wir freundlich-gelassen zurück, bis ihre Zeit gekommen ist.

Weiter vergegenwärtigen wir uns, daß, wie in der Luft und im Wasser, auch in der Nahrung neben den chemisch-biologischen Aufbaustoffen *Lebenskraft* oder ‚Prana' enthalten ist, die wir ihr so weit entziehen, als wir *bewußt essen*.

Als der Mensch noch natursichtig war, spürte er, daß alles beseelt und voll Kraft ist. Heute geben wir dieser Wahrheit ein moderneres Gewand mit der Feststellung, daß alles, vom Atom bis zur Zelle und von der Erde bis zu den fernsten Sonnenreichen und Galaxien des Universums Mittelpunkt von Kraftfeldern ist, die sich gegenseitig durchdringen und beeinflussen. Wir wissen, daß jeder Stoff Kraftträger ist und zum *Kraftspender* wird in dem Maße, wie wir ihn *bewußt* in uns aufnehmen.

Wie wir essen, ist also weit wichtiger als die Frage,

was wir essen. Über das Letztere ist hier nicht zu sprechen, da es eine Frage des persönlichen Geschmacks ist, der wiederum vom Grade der inneren Wachheit abhängt.

Aber über das *Wie* sollten wir mehr als bisher nachdenken. Denn je bewußter, dankbarer und besinnlicher wir essen, desto größer ist selbst bei geringerer Nahrungsaufnahme der Kraftgewinn.

KUNST DES ESSENS

Mit den Speisen ist es wie mit den Menschen: man muß sich ihnen gegenüber freundlich und bejahend einstellen, sie lieben und gern annehmen, wenn sie einem wohl bekommen sollen.

So handelnd, haben wir vom Essen einen dreifachen Vorteil: einmal den des Genusses, dann den der Sättigung und schließlich den der Erhaltung und Steigerung unserer Gesundheit und Kraft.

Es gilt darum, an unser Frühstück wie an jede Mahlzeit mit Freude und Dankbarkeit heranzugehen. Denn Nahrung, die unlustig oder hastig, bei Aufregung oder Ärger, oder mit Widerstreben hinuntergewürgt wird, schadet dem Körper, weil sie sich, ungenügend gekaut und verarbeitet und vom Magen unzureichend verdaut, leicht in belastende oder gar schädliche und giftige Stoffe verwandelt.

Die *Kunst des Essens* besteht zuerst und vor allem darin, daß wir uns ganz dem Vorgang der Nahrungsaufnahme widmen, uns auf den Wohlgeschmack konzentrieren, den jede naturgemäße und langsam gekaute Nahrung entwickelt.

Essen sollten wir wiederum nur, wenn wir Hunger spüren, wie Peter Altenberg einmal bemerkte: „Hat der Gedanke an eine alte, harte Brotrinde aus bestem Landbrot für Dich etwas Sympathisches? Warte nun aber gerade so lange, bis dieser Gedanke für Dich etwas direkt Beseligendes erhält! Gerade so lange! Dann erst bist Du idealisch reif zu neuer Nahrungsaufnahme."

Wenn wir essen, wollen wir es mit der entsprechenden *Bejahung* tun: „Ich freue mich! Es schmeckt mir! Das Essen bekommt mir!"

Zur Förderung dieser Konzentration schreiben wir diese oder eine ähnliche Bejahung auf eine Tischkarte, die wir neben den Teller stellen, damit unser Auge beim Essen oft darauf fällt. Auf diese Weise gewöhnen wir uns an *bewußtes* Essen und ziehen so vielfache Kraft aus der Nahrung.

Beim *Kauen* achten wir darauf, daß es so bewußt und gemächlich wie möglich geschieht. Gut gekaut ist halb verdaut. Die Zähne sind deswegen härter als alle anderen Teile des Körpers, weil sie die ganze Vorarbeit für die Verdauung zu leisten haben.

Je länger wir jeden Bissen kauen, desto besser wird er zerkleinert und durchspeichelt und desto mehr mundet er uns durch Entfaltung seiner feineren Geschmacksnuancen, und desto leichter und vollkommener vollzieht sich die Arbeit des Magens.

Wir leben nicht von dem, was wir essen, sondern von dem, was wir *verdauen* und in Nähr- und Lebenskraft umwandeln. Davon wiederum hängt die Beschaffenheit des Blutes ab, von dieser die Erneuerung der Zellen und letztlich die Gesundheit des ganzen Körpers. Da rechtes Kauen eine der wichtigsten Voraussetzungen stabiler Gesundheit ist, sollte es *bewußt* geschehen, etwa mit folgender Bejahung:

„Das Kauen macht mir Freude! Durch langsames und langes Kauen bereite ich die Nahrung aufs beste für die Verdauung vor. Die in den Speisen enthaltene Kraft löst sich schon beim Kauen und wird allen Teilen des Körpers zugeführt. Das Essen mundet und bekommt mir!"

Diese Bejahung ist wichtig, weil, wie wir heute wissen, weder der Kauvorgang als solcher noch die Nahrung die Art der Magensaftabsonderung bestimmen, sondern der *Appetit*, die Lust am Essen, praktisch also die begleitenden positiven *Gedanken*. Die Bejahung erhöht den Appetitreiz, der wiederum die Verdauungsdrüsen zu gesteigerter Tätigkeit anspornt.

Der Magen dankt uns diese neue Eßgewohnheit unmittelbar durch bessere Verdauung, durch das Verschwinden von Stoffwechselstörungen und durch erhöhtes Wohlgefühl des ganzen Körpers.

Zugleich wird der ‚seelische Verdauungsapparat' dazu erzogen, seinerseits alles Aufgenommene gründlicher zu verarbeiten und zu einem lebendigen Besitz und Bestandteil unseres Wesens zu machen.

SEGEN DES FASTENS

„Zwei Dinge sind's, die alle Kunst des Menschseins in sich schließen: Entsagen können starken Sinns und rechten Sinns genießen."

Vom rechten *Genießen* beim Essen war schon die Rede. Nicht weniger wichtig ist sein Gegenpol: die *zeitweise Nahrungsenthaltung.*

Wenn als Folge unbewußten Falsch- oder Zuvielessens der Körper verschlackt und träge ist, Ernährungsfehler vorliegen, das Gewicht allzu sehr zugenommen hat, wenn wir in Bezug auf bestimmte Genußmittel gierig oder gar süchtig geworden sind, wenn wir uns nicht wohl fühlen, keinen Appetit haben oder ein Leiden chronisch ward, ist *Fasten* die beste und billigste Selbsthilfe.

„Durch Enthaltsamkeit und Ruhe werden viele Leiden geheilt", lehrte schon Hippokrates. Ein moderner Naturarzt, Gustav Riedlin, nennt das Fasten eine „natürliche Operation ohne Messer" und sagt: „Die Natur operiert viel feiner als der beste Professor; sie schafft nur Krankes weg und schont das Gesunde." Stoffwechselschlacken, Fettansammlungen, Harnsäurerückstände werden beim Fasten verbrannt, zerfallende und abgestorbene Zellen der Gewebe und Organe werden ausgeschieden und durch eine radikale ‚Useputzete' die Voraussetzungen für eine totale Erneuerung geschaffen.

Aber das ist nur die körperliche Wirkung. Die seelisch-geistige geht wesentlich weiter:

Das Fasten reinigt und harmonisiert das Gefühlsleben, erhöht die Selbstbeherrschung, steigert das Urteilsvermögen und die Konzentration, die Geistesgegenwart und Leistungskraft. Es verleiht den Gedanken größere Lebhaftigkeit und Klarheit, macht uns empfänglicher für Inspirationen und wacher für die Erkenntnis des Rechten. Je länger wir fasten, desto tiefer wird unsere Einsicht und desto aktiver unsere Teilhabe am Leben.

Die einfachste Form des Fastens, die sich in leichteren Fällen empfiehlt, besteht darin, daß wir uns an einem Tage in der Woche der Nahrung enthalten, also nichts essen, sondern nur Fruchtsaft trinken und den Körper möglichst stillegen. Tiere und auch Kinder wenden diese Selbsthilfe noch instinktiv an und verweigern die Nahrungsaufnahme. Wir Erwachsenen müssen es erst wieder lernen.

In schwereren Fällen ist ein *längeres Heilfasten* angebracht, das man aber nur unter *ärztlicher Leitung* durchführe, damit chronischen Leiden durch stufenweise Entschlackung des Organismus der Boden entzogen wird. Der Körper wird dabei gezwungen, den Stoffwechsel ohne Zufuhr von außen zu bestreiten, wobei er zuerst alle Ablagerungen abbaut und ausscheidet. Das anfangs auftretende Hungergefühl klingt rasch ab und tritt beim Genuß von Kamillen- oder Pfefferminztee oder frischgepreßten Fruchtsäften während der Fastenzeit nicht mehr auf.

Unter fachärztlicher Leitung kann man zwei bis vier Wochen fasten und dadurch über eine Reihe notwendiger Heilkrisen eine vollkommene Regeneration und Verjüngung des leibseelischen Organismus bewirken — insbesondere, wenn man die Fastenkur mit täglichen Waschungen, Luft- und Sonnenbädern und dem, was der Arzt darüber hinaus für nötig hält, verbindet, bis man über eine Reihe Obsttage wieder zur Normalkost übergeht.

Auch hier werden die guten Ergebnisse sich wesentlich rascher und stärker einstellen, wenn wir durch positive Stimmung und bejahende Gedanken den rechten Boden für die Entfaltung der günstigen Wirkungen bereiten.

Nach dieser für manche nützlichen Einschaltung wenden wir uns Einzelfragen der Alltagsmeisterung zu, für die sich eine Vielzahl bewährter psychodynamischer Hilfen anbietet.

BEGLÜCKENDES TAGEWERK

„Schaff, das Tagwerk meiner Hände, hohes Glück, daß ich's vollende!" heißt es in einem Liede Goethes. Damit dieser Wunsch Erfüllung finde, muß das Tagewerk gut begonnen werden.

Den Grund dazu haben wir bereits am Abend vorher durch rechte Vorausplanung und positive Tageszielsetzung gelegt.

Den nächsten Schritt dazu tun wir nach dem Frühstück, indem wir uns nochmals in einer kurzen *Konzentrationspause* schweigend den Tagesplan vergegenwärtigen, Kraft aus dem Innern schöpfen und uns entschließen, bei unserem Tagewerk nicht zum Sklaven der Dinge und der Umwelt zu werden, der gedankenlos dahinlebt und jene fortschreitende Entgeistigung des Berufs und Mechanisierung der Arbeit mitmacht, die den Menschen zum Roboter erniedrigt.

Wir beugen dem durch eine abermalige *Bejahung* vor:

„Ich werde meine ganze Kraft dafür einsetzen, daß mein Tagesplan, meine Wünsche und Ideale sich verwirklichen. Meine Arbeit möge dem Willen der schöpferischen Urkraft Ausdruck geben! Ich werde heute nur Gutes schaffen und sorgen, daß dieser Tag ein Tag der Freude und des Glücks für mich und alle werde, mit denen ich in Berührung komme!"

Diese gedankliche Durchdringung unseres Tuns ist wesentlich und entspricht der Maxime Goethes: „*Denken* und *Tun,* beides muß sich wie Ein- und Ausatmen im Leben ewig hin und her bewegen. Wer sich zum

Gesetz macht, das Tun am Denken, das Denken am Tun zu prüfen, der kann nicht irren oder wird bald auf den rechten Weg zurückfinden."

Wir tun damit das, was die Natur unbewußt vollzieht, *bewußt:* im Gewißsein unserer Bestimmung und unserer Verantwortung, die durch unsere Freiheit bedingt ist, und im Blick auf die Tatsache, daß es von uns selbst abhängt, wie weit wir auf der Bahn stetiger Vervollkommnung voranschreiten.

Auch das kleinste Werk, recht und bewußt getan, kann uns einen großen Schritt weiterbringen; entscheidend ist, was wir dabei *denken* und wollen, wie weit unsere Absichten mit dem Allwillen in Einklang stehen, wie weit unser Tun unserer Selbstentfaltung dient, wie weit wir bereits aus dem *Geiste* leben.

Unser Tagewerk soll uns unmittelbar beglücken. Schaffen soll, als sichtbar gemachte Liebe, Seligkeit sein. Soweit es das ist, sind wir mit uns selber und mit dem Leben eins und glücklich.

Soweit die Arbeit uns Fron und Last ist, sind wir mit uns uneins und von unserem ureigenen Wege abgekommen ... Alsdann gilt es, uns auf uns selbst zu besinnen und unser Leben und Werk wieder auf das Wesentliche auszurichten, wofür im weiteren Anleitungen gegeben werden.

Dann wird uns auch das Alltägliche und Geringste Wegweisung zum Ewigen und dient der Sinnerfüllung des Lebens. Beruf und Berufung decken sich dann weithin, und wir fühlen, daß wir auf dem Wege der Selbstvollendung sind und unsere Bestimmung erfüllen, der zu werden, der wir unserem Wesen nach *sind.*

Wir spüren alsdann, wie wir ständig wachsen, wacher

und reifer werden. Dies Gefühl des Wachstums ist das Zeichen, daß es aufwärts geht. Im Aufstieg weitet sich unser Blick — und zugleich wächst das Bewußtsein unseres Frei- und Überlegenseins, der Kraft und der Lebensfülle, unseres Einklangs mit dem Lebensganzen und unserer Harmonie mit dem Unendlichen.

GEHEIMNIS DES LEBENSERFOLGS

„Die weitaus meisten Menschen" — sagt Hilty — „haben keine Ahnung von dem Glück und der Freudigkeit, die auf dieser Erde trotz allem Entgegenstehenden zu haben sind" und Wirklichkeit werden in dem Maße, wie sie lernen, bejahend zu denken und sich positiv und aufgeschlossen zu verhalten.

Positiv oder *negativ* — diese beiden Verhaltenspole bestimmen, was wir anziehen: Glück oder Unglück. Hinter ihnen verbirgt sich das Geheimnis der Erfolge und Mißerfolge im Leben.

Heute ist es noch so, daß das Denken und Tun der meisten Menschen weithin *negativ* getönt und gestimmt ist. Von daher kommen die unserem innersten Wesen fremden und feindlichen Geister der Lebensangst und Ichsucht, des Materialismus und Mammonismus, Fanatismus und Chauvinismus, des Neides und Leides ... Von daher der Zusammenbruch so vieler, die das Leben nicht mehr meistern — es sei denn, daß sie vorher zur Umstellung finden, zur Besinnung auf das *Positive*, Harmonie, Freude und Glück Bringende, zur Hinwendung zu den Urquellen der Kraft und Fülle im eigenen Innern.

Schon bei der kleinsten Arbeit ist unverkennbar, wie entscheidend die *Einstellung* das Ergebnis bestimmt:

Wenn wir sie mit negativer, mißmutiger, ablehnender Haltung oder auch nur interesselos in Angriff nehmen, wird sie entweder minderwertig sein oder mißlingen. Stellen wir uns hingegen zu einer Arbeit von vornherein positiv ein, beginnen wir sie mit Interesse, Freude und bejahender Haltung, haben wir damit bereits die Gewißheit, daß wir sie besser und erfolgreicher erledigen werden.

Es liegt im Wesen der positiven Einstellung, daß mit ihrer Hilfe *jede Arbeit doppelt so schnell, leicht und gut* vonstatten geht als ein gleichgültig oder unlustig begonnenes Werk.

Hinzu kommt, daß der positiv Denkende und fröhlich-bejahend Schaffende nicht wie der Griesgrämige rasch bei der Arbeit ermüdet, sondern immer aktiver und frischer, stärker und zielbewußter, dynamischer und erfolgreicher wird.

Am raschesten zeigt sich das im Geschäftsleben: ein einziger positiv eingestellter Unternehmer oder Kaufmann ist ausdauernder und hat eine glücklichere Hand als hundert negative.

Es gilt also, zuerst und vor allem diese positiv-bejahende Einstellung und dynamische Haltung durch tägliche Übung im Kleinen zur Gewohnheit zu machen, zur ersten Natur. Denn nur was wir innerlich verwirklichen, kann auch äußerlich in Erscheinung treten.

Halten wir, wenn uns diese *neue bejahende Geisteshaltung* anfangs schwer erscheint, mit eiserner Beharrlichkeit die folgende *Bejahung* fest (die wir auch über unserem Arbeitsplatz als Leitspruch anbringen):

„Ich bin immer positiv, bejahend und heiter gestimmt. Ich bin Kraft, Licht, Liebe! Ich bin mir der in mir wirkenden überlegenen geistigen Kräfte voll bewußt! Mein ganzes Wesen strahlt Kraft und Mut aus, Frohsinn und den Geist des Fortschritts! Jede Arbeit macht mir Freude und wird mir zu einem Schlüssel zu Glück und Erfolg!"

Vor dem Beginn einer neuen Arbeit sprechen wir diese oder eine ähnliche Bejahung unter rhythmischem Kraftatmen mehrmals vor uns hin, wobei es gilt, das, was wir bejahen, auch lebendig zu fühlen.

Wir müssen an unsere Innenkraft und ihre absolute Überlegenheit über die äußeren Umstände glauben; denn nur dem, an das wir bejahend denken und unbeirrt glauben, geben wir die Kraft, sich so zu entfalten, wie wir es wünschen. Und wer wollte nicht an das Gute glauben und es so in sich und um sich aufbauen!

Beachten wir darum das erste Gesetz dynamischer Verwirklichung: Wer beharrlich an die in ihm vorhandene Kraft glaubt und ihr vertraut, entwickelt sie allmählich zu solcher Stärke, daß er mit ihrer Hilfe jedes Hindernis überwindet.

IN DER SCHULE DES LEBENS

Die Welt, in der wir leben, ist eine kosmische Schule, in der wir lernen, wachsen und reif werden sollen für immer höhere Lebens- und Vollendungsstufen, auf die hin wir angelegt sind. Zu den wichtigsten Erkenntnissen unseres Daseins gehört die, daß *jeder Tag,* jeder Augenblick uns dazu dienen will, daß wir immer wieder vor einem neuen Anfang stehen und immer von neuem die Möglichkeit haben, Erfahrungen und Erkenntnisse zu gewinnen, aufwärts zu schreiten und abermals höhere Gipfel der Lebensweisheit und Lebenskunst zu erklimmen.

Kein Ereignis — sagt La Rochefoucauld — „ist so unglücklich, daß kluge Leute nicht irgendeinen Gewinn daraus zögen, und keins ist so glücklich, daß es ein Unweiser nicht zu seinem Nachteil kehren könnte." Jeder Tag ist das, was wir aus den Dingen und Geschehnissen *machen. Rechtes Verhalten* bewirkt, daß auch das geringste Tun uns um viele Stufen höherleitet.

Zum rechten Verhalten in der Schule des Lebens gehört, wie wir sahen, in erster Linie die Kunst des *Bejahens*. Sie hilft uns, statt an Widerständen zu erlahmen und ihnen zu erliegen, um ihre Kraft zu wachsen und über sie hinauszuwachsen.

Bejahung selbst des Widrigen bewirkt, daß der widrige Stand, in den unweiser Widerstand uns versetzt, von selbst dem Wohlstand weicht und unserem Fortschritt und Reiferwerden dient. Jede Bejahung macht Gespaltenes eins; und Einswerdung bedeutet Befreiung von Bedrängendem: es macht Dunkles licht, heilvoll und segenbringend und offenbart unser Gesichert- und Geborgensein im Lebensganzen.

So handelt der Lebensweise, dem alles zum Guten ausschlägt, weil er den Sinn der Lebensschule begriffen hat: Er sieht in allem, was geschieht, Werk der inneren Führung und Fügung von oben her und ahnt in allem die geheime Ordnung und Weisheit. Er bejaht darum alles als sinnvoll und gut oder als zu etwas gut, das werden will.

Wenn ihm ein Werk gelingt, freut er sich und erkennt darin die Zustimmung von oben. Wenn er auf Widerstand stößt, sieht er ihn nicht als Leid, sondern als Leitung und Lehre und überwindet ihn durch Bejahung und Lassen. Wenn ihm etwas mißlingt, weiß er, daß es nicht das Rechte war, sondern daß Besseres auf ihn wartet; er blickt darum ohne Bedauern davon weg und auf das Größere hin, das bereits auf ihn zukommt . . .

. . . Indem er so das weniger Gute läßt und sich unablässig für das Gute aufgeschlossen hält, schreitet er durch Licht und Dunkel, Sonnenschein und Regen gelassen voran und wertet alles, was kommt, als Hilfe auf dem Wege nach oben.

So denkend, wandelt er immer mehr Dinge und Wesen in heimliche Helfer und bewirkt, daß die Kraft von oben ihn trägt und alles seiner Vervollkommnung dient. So denkend, bleibt er allezeit wach und empfangsbereit für alles Gute und Schöne, das in Fülle da ist und jedem dient, der es willig annimmt und sich dienen läßt.

Willige Bejahung umschließt alles, was die Schule des Lebens im Alltag von früh bis spät an uns heranträgt. Es umfaßt die häuslichen Verhältnisse, die, bislang vielleicht Quell heimlichen Grolls und Ärgers, der Sorge oder des Leides, durch Bejahung aufgehellt und verfreundlicht, harmonisiert und verwandelt werden, und ebenso die beruflichen Umstände und alle mitmenschlichen Beziehungen.

Überall bewirkt Bejahung Überlegenheit und Überwindung, Lösung und wachsende Freiheit.

Doch nur wer danach *handelt,* erfährt es.

MACHT DER KONZENTRATION

„Glücklich zu leben wünscht jeder, aber die Grundlagen des Glücks erkennen nur wenige", sagt *Seneca* und fügt hinzu: „Zuerst muß man wissen, worauf das Streben zu richten ist, um dann den Weg zu gehen, der am raschesten ans Ziel führt." Das ist leicht, wenn man die Voraussetzung erfüllt: *Konzentration.*

Nichts schwächt Willen, Entschlußkraft und Durchsetzungsvermögen mehr als das ständige Abwandern der Gedanken, das nicht bei der Sache Bleiben, das Unvermögen, sich auf *eines* zu sammeln und dies *ganz* zu tun. Sein Ziel erreicht nur, wer sich gewöhnt, zuerst richtig zu denken, zu überlegen, zu planen und zu ordnen, um dann in rechter Bejahung die Tat auf dem Fuße folgen zu lassen. Nichts anderes meinte Montaigne:

„Der Bogenschütze muß zuerst sein Ziel ins Auge fassen und dann erst Hände, Bogen und Pfeil danach ausrichten und dabei ziel-gesammelt bleiben. Die besten Vorsätze sind wertlos, wenn sie kein festes Ziel haben."

Zur Bewußtmachung des Ziels, zur Erkenntnis der Hilfsmittel, zur Festlegung des Zielweges, des Zeit- und Arbeitsplans und zur Bejahung jedes Schritts zum Ziel hin ist *Konzentration* unerläßlich. Was die Großen aller Zeiten ihre Ziele erreichen ließ, war vor allem ihre Fähigkeit zur Konzentration, ohne die Sichtung und Ordnung, Gestaltung und Verwirklichung unmöglich ist.

Bode berichtet von Goethe, daß „die große Ordnung, auf die er hielt, das Planvolle und Systematische in seinen Arbeiten das Mittel war, sich vor Kraft- und Zeitverlust zu schützen."

Goethe selbst bestätigt dies: „Bei dem vielen, was ich vorhabe, würde ich verzweifeln, wenn nicht die große Ordnung, in der ich meine Papiere halte, mich in den Stand setzte, jede Stunde in ihrer Art zu nützen und eins nach dem anderen voranzutreiben." Diese Konzentration zeigte sich auch in Goethes ruhig-gelassener Körperhaltung.

Anders der Ungesammelte: seine Gedanken schweifen während der Arbeit ab zu unangenehmen oder angenehmen Vorstellungen oder Dingen, seine Haltung ist beim Sitzen, Stehen und Gehen krumm und verkrampft, sein Atem ist flach und unregelmäßig, seine Gesichtszüge und die nervösen Bewegungen seiner Finger, Hände oder Arme, Füße oder Beine verraten jene innere Unrast und Zwiespältigkeit, die den Erfolg verunmöglichen . . .

. . . Das wird erst anders, wenn er Emersons Rat zu beherzigen beginnt: „Die einzige Klugheit im Leben ist Konzentration, das einzige Übel Zersplitterung", und wenn er Newton folgt, der auf die Frage, wie er zu seinen Entdeckungen gekommen sei, antwortete: *„Indem ich an nichts anderes dachte."*

Solche Konzentration ist nicht schwer, sondern leicht, weil sie keine mühevolle Anstrengung ist, sondern ein frohes Spielenlassen aller Gedanken, Wünsche, Kräfte und Strebungen im Blick auf das eine Ziel. Leib, Seele und Geist sind dann Spiegel des gleichen Gedankens, wie es Goethe empfand: „Geist und Körper, innig sind sie ja verwandt; ist jener froh, gleich fühlt sich dieser frei und wohl."

Und *wie* wird solche Konzentration und innere Einheit erlangt? Am leichtesten dadurch, daß wir uns gewöhnen, *alles,* was wir tun, *bewußt* zu tun, also stets mit den Gedanken bei dem zu sein, was wir gerade tun. Diese Sammlung ist eines der Fundamente des Lebensglücks: sie beginnt bei den kleinsten Dingen und führt ganz von selbst dazu, daß uns immer mehr alles spielend gelingt.

Warum spielend? Weil der jederzeit Gesammelte immer der Überlegene ist, in der Gegenwart lebt, aus dem Augenblick das Höchstmögliche herausholt und sich die Glücksgelegenheiten, die nur ihm sichtbar werden, dankbar dienen läßt.

SPANNKRAFT DURCH ENTSPANNUNG

Schon Nietzsche wies auf eine Fehlhaltung der Arbeitsbesessenen hin: „Sie erkämpfen sich durch ein Übermaß von Anstrengung freie Zeit (und mehr Mittel) und wissen nachher nichts Rechtes damit anzufangen.“

Heute herrscht diese Fehlhaltung fast allgemein, weil weithin verkannt wird, daß nur der mit wachsendem Gewinn sich sammeln, spannen und schaffen kann, ohne seine Kräfte zu erschöpfen, der sich im gleichen Maße zu *entspannen* weiß. Je größer und vielfältiger die Anforderungen werden, die Leben und Beruf an uns stellen, desto bewußter gilt es in Zeiten der Entspannung aus den inneren Kraftquellen zu schöpfen, um Wachstum und Fortschritt zu sichern.

Solche Entspannung, über die noch im einzelnen zu sprechen sein wird, bedeutet nicht nur Lockerung gespannter Muskeln und verkrampfter Körperhaltung.

Sie ist weit mehr ein geistiger Vorgang: ein Kräfteholen durch inneres Zurruhekommen, sich Lockern und Lassen.

Was heißt das?

Bei der Entspannung durchwandern wir nicht nur im Geiste den Körper, um zu prüfen, ob alle Muskeln und Glieder restlos entspannt sind, sondern wir stellen, nachdem wir uns in das ruhige Gleichmaß des Atems eingefügt haben und von seinem Rhythmus erfaßt sind, die Gedankenmühle ab und überlassen uns dem Frieden der inneren Welt.

Das kann jederzeit *mitten in der Arbeit* immer dann geschehen, wenn wir uns müde, verkrampft oder erschöpft fühlen; es hilft uns, wieder frisch und produktiv zu werden. Wie sehr Spannkraft und Leistung von der Entspannung und Hingabe abhängen, hat *Goethe* deutlich gemacht: „Jede Produktivität höchster Art, jede Erfindung, jeder große Gedanke, der Früchte bringt und Folgen hat, steht in niemandes Gewalt. Dergleichen hat der Mensch als Geschenke von oben zu betrachten, die er mit freudigem Dank zu empfangen hat." Er empfängt sie in dem Maße, in dem er lernt, sich entspannt, lassend-gelassen nach innen offen zu halten.

Goethe gab der gemeinsamen Erfahrung aller schöpferischen Geister Ausdruck, daß Spannkraft, schöpferisches Vermögen und günstige Einfälle sich erst einstellen, wenn der vorausgehenden Bemühung die *Entspannung* folgt. Über diese Kunst sagt der große Physiker, Physiologe und vielseitige Erfinder H. v. *Helmholtz* (1821—1894), der als Erster dem Gesetz der Erhaltung der Energie eine exakte Begründung gab, folgendes:

„Soweit meine Erfahrung geht, kommen Inspirationen nie dem ermüdeten Gehirn. Ich mußte mein Problem wohl zuerst nach allen Seiten so viel hin und her gewendet haben, daß ich alle seine Wendungen und Verwicklungen im Kopfe überschaute, was ja ohne längere vorausgehende Arbeit meistens nicht möglich ist. Danach aber mußte, nachdem die davon herrührende Ermüdung vorübergegangen war, eine Stunde vollkommener körperlicher Frische und ruhigen Wohlgefühls eintreten, ehe die guten Einfälle kamen."

Eben dieser Zustand kann jederzeit durch Entspannung erreicht werden, die ja immer den ganzen Menschen meint, also kein bloß biotechnischer, sondern weit mehr ein psychodynamischer Vorgang ist, der, von innen her vollzogen, zu jenem Gelassenwerden und willigen Lassen leitet, das neue Kraft aufströmen läßt und jene produktive Stimmung auslöst, die die Voraussetzung schöpferischer Leistung bildet.

RECHTE ERFOLGSSTIMMUNG

Unsere vorherrschende Stimmung bei der Arbeit hat, wie *Mulford* unterstreicht, mit dem Erfolg oder Fehlschlag unserer Unternehmungen mehr zu tun als Arbeitskraft, Intelligenz und äußere Umstände. „Denn wir ziehen immer das an, was unserer gedanklichen Haltung und Stimmung gemäß ist."

Arbeit, die ungern oder widerwillig getan wird, ist eine Brutstätte nicht nur der Mißlaune, sondern auch der Mißerfolge und, als Selbstkränkung, häufigen Krankseins. Wer seine tägliche Arbeit als notwendiges

Übel ansieht, wandelt sie in einen Quell des Übelseins und Übelergehens.

Segen und Gewinn bringt nur das Werk, das froh, gern, mit Liebe getan wird, wie man nur in dem Beruf an die Spitze gelangt, den man als Berufung erkennt und bejaht.

Die häufigste Aufforderung des Neuen Testaments, *„Freuet euch!"*, ist wohlbegründet. Wenn wir den Geist der Freude und Bejahung Tag für Tag in unsere Arbeit und unser Leben einströmen lassen, erblüht daraus in wachsendem Maße Segen und Fortschritt.

Es ist so, wie Jean Paul sagt, daß „die Heiterkeit des Herzens wie ein Frühling alle Blüten des Innern aufschließt". Schopenhauer nennt die Heiterkeit des Sinns eine Eigenschaft, die augenblicklich sich selbst belohnt, da sie das Gemüt licht und das Schaffen leicht macht und auch in den Herzen anderer ein Licht entzündet, so daß Werk und Leben heller, schöner und vom Geist und der Kraft des Gelingens erfüllt werden. –

Zur rechten Erfolgsstimmung gehört untrennbar das Vertrauen zu den in uns vorhandenen und unaufhörlich wirkenden Kräften, die jederzeit bereitstehen, unsere Vorhaben zu einem guten Ende zu führen. Sie warten darauf, daß wir ihnen rückhaltlos vertrauen und ihnen stets höhere Aufgaben stellen. Solche Selbstbejahung ist keine Selbstüberhebung, bei der sich das kleine Ich über das Selbst und seine Kräfte erhebt; sie ist vielmehr Glaube an und Liebe zu den Kräften des Selbstes und Vertrauen zur Hilfe von innen und oben.

Unser Leben ist, in seiner Gesamtheit gesehen, immer Echo und Spiegelbild unserer vorherrschenden Gedanken und Stimmungen; und da wir diese bestimmen können, ist unser Leben das, was wir aus ihm machen. Es ist eine Erfahrungstatsache, daß bei andauernder bejahender Haltung früher oder später die entsprechende Wandlung der äußeren Verhältnisse eintritt.

Ob wir im Leben Ambos sind oder Hammer, liegt also bei uns selbst. Jeder kann Hammer sein, kann schaffen und bewirken, was er will, wobei die kürzere oder längere Zeit, bis er es erreicht, wesentlich davon abhängt, wie schnell er, statt sich negativen, neidischen, ablehnenden, selbstunterschätzenden Gefühlen und Stimmungen zu überlassen, bewußt und selbstvertrauend das positive Bild dessen, was er verwirklichen möchte, in sich gestaltet und zuerst im Geiste realisiert.

Keine äußeren Umstände bestimmen den Erfolg unserer Arbeit, sondern *wir selbst* tun es durch unsere Gedanken und Stimmungen, durch das, was wir beim Schaffen innerlich denken und fühlen. Jeder Gedanke, jede Stimmung, die wir bei der Arbeit wie in den Zeiten der Entspannung und Erholung bewußt oder unbewußt hinaussenden, kehrt als Sorgen- oder Freudenbringer zu uns zurück.

Je bewußter und beharrlicher wir von früh bis spät für rechte Erfolgsstimmung sorgen, desto sichtbarer kehren Wirkungen zu uns zurück, die uns in unserer Haltung bestärken — also freundliche Zufälle, günstige Gelegenheiten, hilfreiche Freunde, Fortschritte und Erfolge.

Im weiteren wird immer deutlicher werden, wie richtig denken rechtes Leben begründet.

DER WAHRE ERFOLG

So viele lassen sich vom Wort ‚*Erfolg*' blenden, statt ihm auf den Grund zu gehen. Was ist denn Erfolg — arbeits- und lebenstechnisch gesehen — anderes als das, was *erfolgt, wenn man richtig denkt und handelt!*

Das entscheidende Element ist die Denkweise: je positiver, zielbewußter und dynamischer wir denken, desto lichter und leichter wird der Weg zum Glück.

Alle heutigen Erfolgssysteme basieren auf dieser Erkenntnis, deren geistige Väter *Emerson, Quimby* und *Mulford* waren. Sie sind Varianten dessen, was man in Amerika ‚New Thought', bei uns Neugeist, nennt, auch wenn sie bei uns unter anderen Namen auftreten. Vom Original unterscheiden sie sich zumeist dadurch, daß sie sich vornehmlich an die Ratio, den Verstand, wenden und durch Selbst- und Arbeitsrationalisierung das Leistungsvermögen des Menschen zu steigern suchen.

Einige wenige Systeme gehen einen Schritt weiter und zeigen, wie man über die Verbesserung der Lebens*technik* hinaus durch rechten Einsatz der inneren Kräfte, durch Arbeits- und Lebens*dynamik* einen neuen Geist und Schwung in sein Dasein hineinträgt.

Aber auch das ist noch nicht das Höchsterreichbare, das als Erster *Emerson* sichtbar machte und das hier — in Weiterführung des New Thought — vermittelt wird: die *Weisheit des Lebens aus dem Geiste,* die zur Harmonie des äußeren Lebens mit dem inneren führt, in alles Denken und Tun den Geist dynamischer Bejahung hineinträgt und es uns zugleich ermöglicht, der inneren

Führung zu folgen und nicht nur Erfolge zu *haben,* sondern *selbst ein Erfolg zu sein.*

Wir sprechen in diesem Sinne von Selbstverwirklichung, die zugleich *Sinnerfüllung des Lebens* bedeutet.

Was heißt das? Die meisten sehen bei Befolgung der üblichen Erfolgssysteme nur den *Zweck* — die Sicherung der Existenz durch Erwerb von Reichtum und Macht — und wundern sich, daß sie, nachdem sie dies Ziel erreichten, sich innerlich unerfüllt und unbefriedigt fühlen ... Die wenigen erkennen den *Sinn* ihres Daseins und streben nach Verwirklichung.

Zweck und Sinn — das sind zwei grundverschiedene Lebenszielsetzungen:

‚Zweck' meint wie der ‚Schusterzweck' den Holzpflock, auf den man beim Draufschlagen *hinab*-sieht, also die *Absicht,* das, was man ‚bezweckt', als das Zweckmäßige und Vorteilbringende erstrebt. *‚Sinn'* hingegen meint den Weg zu dem in tiefer *Einsicht* erkannten über die einzelnen Zwecke und Nahziele hinausgehenden höchsten Lebensziel und Sein. Solche Sinn-Erkenntnis und -Erfüllung ist Frucht besonnenen Nachsinnens über die rechte Richtung und Ausdruck innerster Gesinnung und Zielgewißheit.

Wer nur *Zwecke* verfolgt, gleicht der ziellos hin- und herjagenden Eintagsfliege, die hier und da einen Bissen erhascht. Wer um den *Sinn* weiß, erkennt sein Woher, Wozu und Wohin, läßt sich von seinem erwachten Lichtsinn leiten, findet zum Wesentlichen und erfährt, daß ihm das übrige von selbst hinzugegeben wird. Statt hinter ersehnten Erfolgen herzujagen, strebt er nach Selbstverwirklichung und genießt dabei täglich und stündlich das Glück ständigen Fortschritts und Aufstiegs.

Der wahre Erfolg ist kein Erlangen und Haben, sondern ein Sein, das zugleich Wachstum und Weiterschreiten ist.

Die Eintags-Größen, die Erfolge *haben,* sind Gegenstand der Bewunderung und des Neides; die zeitlos Großen, die zur Selbstvollendung gelangten, sind erst in zeitlichem Abstand als solche erkennbar und darum nicht in aller Munde.

Sie sind glücklich in ihrer Verborgenheit, die Ausdruck ihrer Geborgenheit im Lebensganzen ist. Sie wirken über die Gegenwart hinaus gestaltend auf die Zukunft.

PRODUKTIV SEIN!

Die meisten Menschen erwarten und verlangen von sich selber und vom Leben zu wenig, weil sie weder ihre Kräfte und Mittel kennen noch ihrer Möglichkeiten und ihres höchsten Zieles bewußt sind. Sie wissen nicht, daß sie weit mehr Talente und Fähigkeiten besitzen, als sie ahnen, und sich mehr zutrauen dürfen, als sie bisher wagten.

Jeder kann mehr erreichen, sobald er seine schlummernden Schöpferkräfte zu aktivieren beginnt. Diese Aktivierung kann auf einfache Weise eingeleitet werden: durch *Mehrtun* und *Bejahung.* Mehr-Tun heißt nicht nur, daß man stets *mehr* leistet, als von einem erwartet wird, sondern auch, daß man, was man tut, weit *besser* tut als jeder andere, der die gleiche Arbeit ausführt.

Dieses selbstbejahende Hinblicken auf das Bessermachen wirkt kraftweckend und produktivitätfördernd und bleibt der Umwelt nicht lange verborgen: früher oder später stellt sie den Mehrleister vor größere Aufgaben und auf höhere Posten.

Ein solcher *Aufwärtsmensch* sieht in jedem neuen Tage eine neue Chance, sich zu bewähren, produktiver zu werden, über sich selbst hinauszuwachsen. Eben diese Haltung ist es, die ihn die günstigen Gelegenheiten jedes neuen Tages erkennen und ergreifen läßt, die die anderen nicht sehen oder nicht zu ergreifen wagen ...

Die zunehmende Dynamik seines Wesenskraftfeldes reißt von selbst immer mehr Gedanken und Menschen in seine Bahn, die dem Zug nach oben willig folgen, weil sie spüren, wie ihm sichtbar alles zufällt und spielend gelingt.

Gerade weil die Mehrheit vor allem *äußeren Wohlstand* erstrebt und das Wohlergehen zu genießen trachtet, hat der, der für ständige Steigerung seiner Produktivität und Mehrung seines *inneren Reichtums* sorgt, um so größere Aussichten und Möglichkeiten. Er beschränkt sich nicht auf billige Nahziele wie den besseren Wagen oder Fernsehapparat, sondern strebt nach Mehrung seines Wissens und Könnens, nach Ausbau seiner Interessen und Eignungen, nach größerer Einsicht, Übersicht und Weisheit.

Das bedeutet nicht, daß er wie ein Besessener werkt und dabei seine Gesundheit ruiniert, sondern, daß er lernt, aus dem Geiste zu leben und mit immer geringerer Mühe immer Größeres zu vollbringen. Bienenhafter Fleiß allein gewährleistet noch lange nicht Erfolg. Indes die Arbeitsbesessenen sich erschöpfen, überlegt der schöpferische Mensch, wie eine Tätigkeit vereinfacht, ein Werkzeug verbessert, eine Maschine bei geringerem Energieverbrauch zu erhöhter Leistung gebracht werden kann.

Vor allem aber *sich selber* sichert er optimale Leistungshöhe dadurch, daß er alles, was er denkt und tut, lustbetont macht, *durch Bejahung dynamisiert*. Mit jeder Bejahung nimmt seine *natürliche Auftriebskraft* zu, die bei den meisten durch negative Gedanken und Gefühle gehemmt oder blockiert ist. Mit jeder Bejahung erhöht er die Schwingungsfrequenz seines Wesenskraftfeldes und damit Stärke und Umfang seines Einflusses auf Umwelt, Leben und Schicksal um ein weniges.

Mehr und mehr wird er zum Sender positiver Impulse und Willensströme, blickt und spricht er die Menschen um ihn herum mit Sympathie und Liebe an und empfängt von ihnen wieder Kraftströme der Zuneigung und freudigen Mitdenkens.

Und schließlich fühlt und bejaht er sich als geistige Sonne, als den Mittelpunkt jedes Kreises, der auf seine Umwelt ebenso aufrichtige wie aufrichtende Lichtgedanken der Freude ausstrahlt:

„Ich bin Licht und Liebe, Freude und Kraft! Meine Arbeit macht mir Freude und gelingt mir! Das Leben macht mir Freude! Ich bin glücklich und wünsche allen gleiches Glücklichsein!"

Wer sich diese neue Haltung durch tägliche Übung zur Gewohnheit macht, sieht sich bald allen negativen Einflüssen und Geschicken überlegen. Sein Aufgeschlossensein für alles Gute macht ihn nicht nur zunehmend *glückbereiter*, sondern auch *glückwürdiger* und bewirkt, daß sein Denken und Tun von selbst die Richtung positiver Schicksalsgestaltung und glückreichen Lebens einhält.

DIE NEUE EINSTELLUNG

Ich habe einen Freund, der im Besitz eines hilfreichen Hausmittels ist: eines *Seelenfernrohrs,* das mit anderen Ferngläsern eines gemeinsam hat: Wenn man am einen Ende hindurchsieht, wird alles verkleinert und in die Ferne projiziert; blickt man durch das andere Ende, wird alles in die Nähe gerückt und vergrößert.

Mit diesem Fernrohr betrachtet er die Dinge und Umstände des Alltags: Nahen unerfreuliche Dinge, greift er zu seinem Glas und sieht sie bewußt in weiter Ferne und winzig klein, kaum der Beachtung wert. Tritt hingegen etwas Schönes, Freudiges an ihn heran, dreht er das Rohr um und sieht es nun ganz nahe, deutlich und groß, packt es, ist fröhlich und fühlt sich mitten im Glück.

Dieses Seelenfernrohr heißt *Einstellung,* kostet nichts und ist doch wertvoller als alle Fernrohre der Welt. Auch Dir wünsche ich ein solches Glas! Drückt dann die Außenwelt auf Dich, nahen Sorgen, drohen Hemmungen, dann greifst Du zu ihm, und es wird Dir helfen, Abstand zu gewinnen und Haltung zu bewahren. Anschließend wirst Du tief ein- und auf ‚f' ausatmen und damit bewußt alle Enge, Angst und Sorge aus Dir hinausstoßen, um alsdann das Glas umzudrehen und auf etwas Erfreuliches zu richten, bis Du es beglückend nahe siehst und spürst . . .

Einstellung ist alles. Sie ist nur eine Frage der Gedankenumschaltung. Ein winziger Willensimpuls genügt, wie auch Goethe erkannte: „Es ist unglaublich, was der moralische Wille vermag. Er durchdringt gleichsam den Körper und versetzt ihn in einen aktiven Zustand, der alle schädlichen Einflüsse zurückschlägt" und alles in einem freundlicheren Lichte zeigt.

Fühlst Du Dich nervös, verstimmt, aufgestört, dann greife zum Seelenfernrohr und sorge für die rechte Einstellung: Sieh das Störende, Negative fern und das Mutmachende, Positive nah! Atme das Hemmende und Beängstigende bewußt hinaus und neue Kraft und Lebensfreude ein!

Wiederhole diese Einschaltung der rechten Einstellung Tag für Tag so oft, wie es Dir nötig erscheint, und so lange, bis sie Dir zur lieben Gewohnheit geworden ist. Und unterstütze und verstärke die tagsüber vorgenommenen Umschaltungen dadurch, daß Du Dich allabendlich beim Einschlafen auf die Bejahung sammelst und mit den Kraftgedanken einschläfst:

„Ich atme Kraft und Ruhe! Ich liege richtig, werde tief und gut schlafen und morgen früh frisch und gestärkt erwachen! Ich werde morgen den ganzen Tag hindurch ruhig sein, daheim und im Geschäft stets gelassen bleiben! Gelassen, bleibe ich allem überlegen!"

Wichtiger als arbeitstechnische Standardpläne ist die Gewöhnung an diese neue bejahende Einstellung und Haltung. Denn wie unsere Einstellung und Haltung, so gestalten sich unsere Verhältnisse.

Wir ‚liegen nun richtig', d. h., die Magnetnadel unseres Denkens und Tuns stellt sich nun von selbst immer wieder auf Bejahung und Zielerreichung ein, so daß wir instinktiv im rechten Moment das Richtige tun, an allem wachsen und über alles Negative hinauswachsen.

Wenn, wie ein japanisches Sprichwort treffend besagt, „der Tag, an dem man einen Entschluß faßt, ein glücklicher Tag ist", dann ist der Entschluß, uns rechte Einstellung durch tägliche Übung zur Gewohnheit zu machen, die beste und sicherste Gewähr dafür, *daß von heute an jeder Tag ein Glückstag wird!*

MENSCHENLENKUNG UND FREUNDE-GEWINNUNG

Wer in der Gegenwart lebt und sich zu allem, was er tut oder was an ihn herantritt, bewußt bejahend einstellt, der gewinnt auch eine völlig neue Beziehung zu seiner Umwelt und seinen Nächsten.

Im Wort ‚*Nächster*' liegt der Hinweis auf das, was uns so *nahe* ist, daß es nicht übersehen werden sollte. Es ist der Superlativ von ‚nahe' und unterstreicht die Bedeutung des Nächsten als des uns wesenhaft *Nächststehenden.*

Ebenso meint das Wort ‚*Nachbar*' den uns *Nächstwohnenden,* an den wir uns als Nächstes *gewöhnen* und den wir willig bejahen sollen. Das tun wir, wenn wir ihn wirklich ansehen, d. h. in ihm unser anderes Selbst sehen, ihn als Glücksquell bejahen und so dazu machen . . .

Wenn wir so denken und handeln, schwindet das Mißtrauen von Mensch zu Mensch und mit ihm die angstgeborene Forderung, daß die anderen sich nach uns richten, und die Neigung, über andere zu richten, statt sie aufzurichten.

Goethe bezeichnete es (1824 Eckermann gegenüber) als „große Torheit, zu verlangen, daß die Menschen mit uns harmonieren sollen. Ich habe einen Menschen immer nur als ein für sich bestehendes Individuum angesehen, das ich zu erforschen und in seiner Eigentümlichkeit kennenzulernen trachtete, wovon ich aber durchaus keine weitere Sympathie verlangte. Dadurch habe ich es dahin gebracht, mit jedem Menschen umgehen zu können, und dadurch entsteht die Kenntnis der mannigfaltigen Charaktere sowie die nötige Gewandtheit im Leben. Gerade bei widerstrebenden Naturen muß man sich zusammennehmen, um mit ihnen durchzukommen, und dadurch werden alle verschiedenen Seiten in uns angeregt und zur Ausbildung gebracht, so daß man sich schließlich jedem vis-a-vis gewachsen fühlt."

Allen verbunden und zugleich gewachsen bleibt, wer in jedem das Gute sieht und ihn um deswillen bejaht.

Den anderen bejahen heißt von uns wegsehen, den anderen in den Mittelpunkt rücken und ihn so sehen, nehmen und gern haben, *wie er ist*. Sowie der andere sich vorbehaltlos bejaht fühlt, spürt er das Bedürfnis, sich von seiner freundlichen Seite zu zeigen und dem guten Bilde zu entsprechen, das wir von ihm haben und bejahen.

Das ist weit mehr als das konventionelle ‚keep smiling', das unverbindlich-freundliche Lächeln. Echte Bejahung kommt vom Herzen und spricht zum Herzen. Schon wenn ich einem anderen sage: „Sie sehen sehr gut aus!", wird er sich gestärkt fühlen und mit Freude reagieren. Im Grunde wirkt jeder positive Impuls kontaktfördernd.

Und wenn der andere sich negativ verhält, mir etwa

widerspricht, werde ich ihm zunächst zeigen, daß ich ihn verstehe, werde seinen Einwand erwägen, kein Besserwissen hervorkehren, sondern dem Gemeinsamen und Einenden Ausdruck geben, ihn bei alledem bejahen und, wenn möglich, *loben,* um die positiven Züge seines Wesens anzusprechen und zum Wirken zu bringen.

Denn ein Mensch wird nichts leichter als das, wofür er sich gehalten, als das er sich bejaht fühlt. Wie der Verneinte sich von der negativen Seite zeigt, so der Bejahte von der positiven.

Wenn wir einen anderen loben, fühlt er, daß wir sein Gutsein anerkennen und darauf vertrauen. Darauf wird er unwillkürlich mit Vertrauen und Hinneigung antworten — zuerst innerlich und schließlich äußerlich. Wir berühren damit eines der Geheimnisse erfolgreicher Menschenlenkung und Freundegewinnung.

Tatsächlich ist es jedem möglich,, in der Kunst Meister zu werden, die positiven Tendenzen in seinen Mitmenschen so anzusprechen, daß sie sich ihm mit wachsender Willigkeit von ihrer besten Seite zeigen, weil eben diese gläubigvertrauende Bejahung ihnen Mut macht, aus sich herauszugehen, und Lust, ihm entgegenzukommen, ihm Freund und Helfer zu sein.

RECHTES VERHALTEN

„Auch die, welche Dir die Nächsten und Liebsten sind, erträgst Du manchmal schwer. Sei gewiß: es geht ihnen mit Dir ebenso. Das bedenke gut und oft", empfiehlt Feuchtersleben als Vorbeugung gegen häusliche

Konflikte. Es gibt noch zwei weitere Hilfen, die hier gute Dienste leisten: die goldene Regel und das zeitweise Alleinsein.

Christi goldene Regel rechten Verhaltens rät uns, *das, was wir wünschen, daß die anderen uns tun, diesen zuerst zu tun.* Wer das versucht, kann Wunder der Wandlung und Beglückung erleben. Warum? Weil rechtes Verhalten ihn aufgeschlossen macht für Zusammenhänge und Hilfen, für die er vorher blind war. Bis dahin hatte er sich selbst zeitweise aus dem Paradies ausgeschlossen; nun aber erfährt er sich als Mitbesitzer des Reichtums des Lebens ...

Rechtes Verhalten erwächst aus Liebe und Bejahung und macht es unmöglich, daß man das Schulmeistern anfängt und die zarte Blüte der Liebe zum Welken bringt. Es ist, Kindern gegenüber, unvereinbar mit anklagender Herausstellung von Mängeln und Fehlern oder gar mit strengen Strafen, die nur bewirken, daß die Gestraften erst recht über die Stränge schlagen.

Friedrich der Große bekannte einmal: „Wenn ich in meiner Jugend ermutigt statt gedemütigt worden wäre, würde ich jetzt mehr taugen und leisten."

Wer die Goldene Regel seinen Kindern gegenüber befolgt, wird sie nie entmutigen, sondern ihren Willen zum Guten durch Bejahung aktivieren und so die zu meisternden *Aufgaben* aus lästigen Übeln in gern ergriffene Mittel des Stärkerwerdens und der Höherentwicklung verwandeln. Im Grunde führt alle Erziehung über die *Selbsterziehung:*

Wenn wir den Fehler, den wir bei anderen sehen und selber teilen, *bei uns* beseitigen, wird die Welt für alle heller. Die Harmonie, für die wir *in uns* sorgen, teilt sich auch den Wesen um uns mit. Duldsamkeit bannt Spannung und Widerstand, wie es *Goethe* (1815 in einem Brief an Christine) klarstellte: „Ich bin überall willkommen, weil ich die Menschen lasse, wie sie sind, niemandem etwas nehme, sondern nur gebe und empfange."

Spüren wir zwischen uns und einem anderen eine Spannung, bauen wir sie dadurch ab, daß wir *uns selbst entspannen* und auf Bejahung umschalten. Was der andere tut, braucht uns nicht zu bekümmern: sowie wir, der Goldenen Regel folgend, von uns auf Bejahung, Einklang und Vertrauen schalten, sorgen die Ordnungsgesetze des Lebens für das übrige.

Nicht nur kann der andere uns nicht mehr spannen und vergiften, sondern unsere Gefaßtheit und Gelassenheit teilt sich bald auch ihm mit. Das Positive ist immer die stärkere Macht. Selbst Feindschaft wird durch Gelassenheit, Wohlwollen und Bejahung in Versöhnung und Freundschaft umgepolt.

Das zweite Mittel ist Abstandnahme durch zeitweises *Alleinsein.* Es gilt, oft in uns selber zu verweilen, um des inneren Eigenseins und Wachstums bewußt zu bleiben, und zugleich die Intimsphäre des anderen, den Innenkreis seines Selbstseins unangetastet zu lassen.

Wenn wir uns nach innen wenden, wo der Friede und Einklang seine Heimstatt hat, erleben wir, wie aus dem Mit-sich-Alleinsein das innere Einssein erblüht, aus der bejahten Einsamkeit das Erleben tiefinnerer Gemeinsamkeit. Wer das einmal erfahren hat, weiß sich frei und ungebunden — und doch allen zutiefst verbunden.

Das erfährt oft gerade der am beglückendsten, der

bisher Allein- und Einsamsein fürchtete und floh, jedoch lernte, es durch Bejahung aus Not in Segen zu verwandeln: denn nun, in der Tiefe des Alleinseins, gehen ihm Seligkeiten des Alleins-Seins und Möglichkeiten der Gemeinsamkeit und Gemeinschaft auf, die ihm vorher, an der Oberfläche des Daseins, unerfahrbar waren.

Und dann weiß er um den tiefen Sinn des Goethe-Wortes: „Man ist eigentlich lebendig nur, wenn man sich des Wohlwollens anderer erfreut."

UMSICHT IM UMGANG

„Mittelmäßiger Umgang schadet mehr, als die schönste Gegend und die geschmackvollste Galerie wieder gutmachen können", sagt Schiller, und Knigge, der Lehrer des ‚Umgangs mit Menschen', fügt mahnend hinzu: „Wer mit vielen umgeht, treibt einen Kleinhandel, bei dem es zwar viel zu tun, aber wenig zu gewinnen gibt."

Im Umgang mit der Umwelt offenbaren wir den Grad unserer inneren Wachheit und geistigen Reife. Je umsichtiger wir werden, desto williger verzichten wir auf Kontakte und Bindungen, die uns nicht gemäß sind, und desto eifriger suchen wir den Umgang, der uns größer und lebenstüchtiger, innerlich reicher und weiser macht.

Und wie finden wir ihn?

Erstens durch Beschränkung unseres Umgangs auf jene, die uns *Lehrer* sein können, oder durch Befolgung der Regel Gracians: „Mache Dir Deine Freunde zu Lehrern und lasse nützliches Lernen und vergnügliche

Unterhaltung sich wechselseitig durchdringen. Mit Leuten von Einsicht umzugehen, bringt doppelten Gewinn: Beifall für das, was man sagt, und Nutzen von dem, was man hört.“

Zweitens durch behutsame Wahrung unseres *Selbstseins,* durch das wir in den wertvollen Menschen um uns das Verlangen wecken, uns Freund zu sein. In diesen Menschen lebt der Wunsch, sich inniger an gleichgestimmte Naturen anzuschließen als nur auf Grund materieller Interessen und Gemeinsamkeiten Kontakte zu suchen: sie möchten sich einem Ebenbürtigen aufschließen und ihm innerlich so nahe kommen, daß ein Austausch des inneren Reichtums möglich wird ...

Solche Freunde gewinnt nur, wer *selbst Freund sein* kann und will. Denn feiner Empfindende werden nicht von dem angesprochen, was einer sagt und zu empfinden vorgibt, sondern von dem, was er tief innerlich denkt und fühlt: seine innerste Gesinnung wird über das Kollektive Unbewußte von ihnen erspürt und mit der entsprechenden Zu- und Abneigung beantwortet.

Freund sein und den bestmöglichen Umgang gewinnen kann nur, wer die anderen tief innerlich bejaht, ihnen vertraut und bereit ist, mehr zu geben als zu empfangen. Denn innerlich reicher wird letztlich nur der Gebende. Er läuft weniger Gefahr, sich zu verausgaben, als der ängstlich Zurückhaltende; denn er schenkt aus einer Fülle, die durch Hingabe wächst und durch den Rückstrom weiter vermehrt wird.

Diese selbstlos bejahende Haltung, die den Alltag durchlichtet und den Menschen *menschlicher* macht, ist dem nah verwandt, was Albert Schweitzer *Ehrfurcht vor dem Leben* nennt.

Menschen, die von dieser Ehrfurcht und liebenden Bejahung erfüllt sind, erkennt man an ihrem strahlenden Blick und ihrer gütigen Behutsamkeit, die sie keine Blume abreißen, keinen Busch oder Baum zerstören, kein Tier verletzen, kein Wesen schädigen, sondern alles Lebendige mit gleicher Liebe umhegen und überall helfend eingreifen läßt, wo sie sich dazu aufgerufen fühlen.

Solche Menschen zu Freunden zu haben, ist höchster Gewinn. Es macht hellsichtiger für die Wunder des Lebens, die jede Stunde mit sich bringt, und fähiger, nicht nur selbst die Glücksmöglichkeiten des Daseins zu erkennen und auszuschöpfen, sondern auch andere an diesen Segnungen teilhaben zu lassen.

KOPF HOCH!

Das Denken und Handeln der meisten Menschen wird weithin von der *Furcht* bestimmt, die mit dem Gefühl der Schwäche und Abhängigkeit vergesellschaftet ist. Schon als Kind sieht der Mensch sich von Eltern und Lehrern, später von der Umwelt, von Beziehungen, vom Schicksal abhängig — weil man ihn nicht von klein auf lehrte, in sich selber zu ruhen und, des inneren Halts gewiß, die äußeren Verhältnisse nicht zu fürchten, sondern zu meistern.

Bewährte Mittel gegen diese angstgeborene Selbsteinengung und Selbstschwächung sind *Bejahung* und *Vertrauen*. Sowie wir bejahen, hellt die Welt sich auf, wird uns vertraut — und bald erweist sich, daß wir recht taten, zu vertrauen, statt zu sorgen.

Dies aus einem einfachen Grund: Wer fürchtet und sorgt, zieht nach dem ersten Gesetz der Gedankendynamik das Befürchtete herbei. Wer bejaht, wird für alles Gute anziehend und sieht sein Vertrauen zunehmend bestätigt: Gefahren, denen die Furchtsamen erliegen, durchschreitet er beherzt und darum unbehelligt. Das Gute, so erkennt er, ist stärker als das Böse, dessen Dasein er nicht leugnet, dem er aber keine Macht über sich zuerkennt.

Kopf hoch! lautet der Imperativ des Lebens. Nicht sorgen, klagen und verzagen, sondern Blick und Mundwinkel aufwärts richten und lächelnd das Kommen des Guten bejahen und darauf hinsteuern!

Positive Einstellung führt zur Umstellung der Umstände und zum Gelingen. Wer nichts als sein lichtes Ziel im Auge hat, setzt sich um so rascher durch, je unentwegter er in seiner bejahenden Haltung beharrt und sich bewußt bleibt: *„In mir ist die Kraft!"*

Ob einer der inneren Kraft bewußt und mit sich selber eins ist, zeigt er daran, daß er sich nicht von außen her beeinflussen läßt. Das tun jene, die sich auf irgendwelchen Aberglauben stützen, auf Horoskope, Amulette, Vorzeichen und dergleichen. Ihnen fehlt jenes Selbstvertrauen, das im Letzten Ausdruck unerschütterlichen Gottvertrauens ist: wer sich im Lebensganzen geborgen weiß, läßt sich nur von innen her leiten und weiß sich allem Äußeren überlegen.

Wie viele starren heute angsterfüllt in die Zukunft und sorgen sich um einen kommenden Weltbrand oder drohenden Weltuntergang, von dem Psychopathen und Pseudopropheten zu allen Zeiten kündeten und heute mehr denn je reden.

Der in sich selber ruhende positive Mensch bejaht das Gegenteil: Er dankt Gott, daß die Welt von seinem Geiste durchwaltet, geordnet und getragen wird, und vertraut der göttlichen Weisheit und Führung, die bewirkt, daß die Bäume der Übermütigen nicht in den Himmel wachsen.

Er weiß und bejaht, daß die Erde dem Menschengeschlecht auf unendliche Zeiten hinaus die Möglichkeit bieten wird, Christi höchste Forderung zu erfüllen, ‚vollkommen zu werden', wie Gott vollkommen ist.

Er weiß, daß die Mächte der Finsternis und Zerstörung gleich der Dunkelheit nur Scheinmächte sind: wie das Dunkel ins Nichts entweicht, wenn Licht aufflammt, so schwindet die Scheinwirklichkeit der negativen Kräfte in der Welt, wenn die Macht des Guten und der Bejahung sich erhebt.

Diese Erfahrung meint das chinesische Sprichwort: „Das Gute siegt über das Ungute, wie Wasser über Feuer", und ebenso das alte Wahrwort vom Endsieg des Guten, das ein Dichter in die Verse kleidete: „Wenn euch die Nebel des Trübsinns umgrauen, / hebt zu den Sternen den sinkenden Mut! / Heget nur männliches, hohes Vertrauen: / Guten ergeht es am Ende doch gut!"

Wer Vertrauen hat, also gewiß ist und bejaht, daß hinter allem, was auch immer geschieht, ein guter Sinn, eine höherführende Absicht, eine göttliche Weisheit waltet, daß in allem Geschehen der Geist der Liebe am Werke ist, der fürchtet nichts.

Er erfährt, daß das Schicksal dem Vertrauenden hilft, und bejaht mit Emerson, daß, wenn er da ist, der Geist des Lebens ihn an seinen Platz gestellt hat, seine

Gründe dafür hat und dafür sorgt, daß er seine Lebensaufgabe allen Hindernissen zum Trotz erfolgreich erfüllt.

ÜBERWINDUNG VON HINDERNISSEN

Bei auftauchenden Schwierigkeiten und Hindernissen ziehen etwa 75 von 100 Menschen, dem Beharrungsgesetz folgend, den Weg des geringsten Widerstandes vor, indem sie dem Übel auszuweichen suchen.

Von den übrigen reagiert der größere Teil mit erhöhter Spannung und Anstrengung, nimmt den Kampf auf und erschöpft sich zumeist im Widerstehen.

Der kleinere Teil versteht es, selbst die widrigen Winde und Umstände seinem Aufstieg dienstbar zu machen.

Was die Letzteren kennzeichnet, ist ein gewisser *Gleichmut,* der sie Unannehmlichkeiten überlegen macht. Solch Gleichmut gegenüber den Wechselfällen des Lebens ist weder Gleichgültigkeit noch Stumpfheit, sondern aus Gelassenheit entspringende Unerschütterlichkeit, die im Grunde *jeder* zu entfalten vermag, wenn er lernt, angesichts von Widrigkeiten zu bejahen: „Das bewegt mich nicht! Des inneren Halts gewiß, bleibe ich ruhig und gelassen und darum den Umständen überlegen!"

Diese Haltung wird erleichtert, wenn man während der Bejahung langsam, tief und rhythmisch atmet, bewußt Kraft einatmet und das Widrige wegbläst, dabei fühlend, wie Ruhe und Gelassenheit sich innerlich ausbreiten und alles glätten wie Öl die aufgeregten Wogen des Meeres.

Wenn ein Hindernis groß und eine Aufgabe unlösbar erscheint, kann man einen Schritt weiter und in die *Stille* gehen, um in schweigendem Lauschen nach innen der bestmöglichen Lösung, des sicheren Auswegs bewußt zu werden, den man nicht sieht, solange man ungelassen und erregt ist.

Man wende sich einwärts und erfülle sein Gemüt im Gewißsein des Einsseins mit der inneren Kraft mit der folgenden Bejahung:

„Die schöpferische Kraft meines Selbstes macht mich allem überlegen, weil sie Teil der Allkraft ist. Mit ihrer Hilfe werde ich jedes Hindernis überwinden, mein Werk vollenden, mein Ziel erreichen! Die innere Kraft verhilft mir zum Sieg! Ich bleibe gelassen, denn alles wird gut!"

Gewiß ist der gleichmütig Bleibende nicht dagegen gefeit, daß er mit Böswilligen zusammengerät. Doch im Gegensatz zu den Ängstlichen und Erregten, die sich auf Abwehr einstellen und im Widerstehen erschöpfen, führt sein Vertrauen zur Innenkraft und seine bejahende Haltung dazu, daß er gelassen durchhält, den längeren Atem behält, und daß die, die ihm übel wollten, seinem Fortschritt und Wohl dienen müssen.

Für solchen Gleichmut gibt es noch einen weiteren Grund: Die Hindernisse und Schwierigkeiten, die uns bewußt werden, liegen mehr in den *Gedanken,* als in den Dingen. Sie sind Begleiterscheinungen unseres Aufstiegs, Mahner zu noch bewußterer Selbst- und Kraftbesinnung und im übrigen so groß oder klein, wie wir sie sehen:

Wenn wir ein Hindernis als solches anerkennen und fürchten, uns auf Abwehr und Widerstand einstellen, uns sorgen und anstrengen, verkrampfen wir uns und vergrößern das Übel, statt es zu meistern. Blicken wir hingegen vom Hindernis weg und bejahend auf unsere innere Kraft und Überlegenheit allen äußeren Umständen und Dingen gegenüber, bleiben wir, als die Stärkeren, entspannt und gelassen, und vertrauen wir darauf, daß uns nichts Böses geschehen kann, weil alles im Leben unserem Besten dienen muß, dann bewirken wir, daß das Hindernis zusammenschrumpft, das scheinbar Feindliche sich verfreundlicht, die Umstände und Dinge sich uns beugen und die Schwierigkeiten sich als Stufen erweisen, über die hinweg wir abermals höher steigen.

Solche Bejahung erfüllt uns mit wachsender Kraft und zugleich mit *Dankbarkeit*, die wiederum bewirkt, daß wir immer weniger Anlaß zum Sorgen und immer mehr Grund zu neuer Dankbarkeit und Freude finden.

SELBST-DYNAMISIERUNG

Selbsterkraftung ist Frucht des Selbstseins, und der Anfang des Selbstseins ist — *Selbstvertrauen.*

Selbstvertrauen ist wörtlich Vertrauen zum innersten Selbst als dem lichten Kern unseres Wesens, von dem her unser Weg und unser Leben bestimmt wird.

Mit anderen Worten: Sowie wir bejahen und gewiß sind, daß unser *Selbst* unser innerer Führer und Helfer in der Lebensschule ist, und uns willig von ihm leiten lassen, ist uns ständiger Fortschritt und Aufstieg im

Leben gewiß. Je mehr wir ihm vertrauen, desto deutlicher wird dieses Vertrauen gerechtfertigt.

Wir handeln dann im Sinne unseres Selbstes — und das hat zur Folge, daß sich in unserem inneren und äußeren Leben mehr und mehr alles ‚von selbst' — vom Selbst her — ordnet und die Dinge uns spürbar entgegenkommen.

Jeder Tag bietet uns daheim und bei der Arbeit neue Gelegenheiten, uns auf uns selbst zu besinnen und mehr in uns selbst zu ruhen, als in äußeren Umständen, Menschen und Dingen unseren Halt zu suchen.

Üben wir uns darin, *wir selbst zu sein*, uns als einmaligen, einzigartigen Gedanken Gottes zu bejahen, von dem es keine Kopien gibt, die nur *uns* eigenen Kräfte und Talente zu betätigen, dann werden wir der Gemeinschaft, in der wir leben, aufs beste dienen und zugleich unser Menschsein zu voller Blüte bringen.

Hier gibt es kein Schema. Jeder muß seinen eigenen Weg finden, auf dem er innerlich wacher, bejahender und dynamischer wird. Er findet ihn, wenn er sich oft nach innen wendet. Fremde Hilfe braucht er nicht, höchstens Anregung, wie sie hier vermittelt wird. Daß er auf dem rechten Wege ist, spürt er bald an seinem zunehmenden inneren Selbständiger- und Freierwerden, am Gewißwerden, daß *alles in ihm* ist: alle Kraft, alles Können, alle Weisheit und Gewißheit. —

Neben dem Selbstvertrauen gibt es ein weiteres Mittel fortschreitender Selbst-Dynamisierung: das ständige *Danksagen*.

Wenn wir zu allem, was kommt, nicht nur *Ja* sagen, sondern darüber hinaus *danken* und damit nicht nur unserem Selbst, sondern zugleich dem All-Selbst, dem

Geist des Lebens, unser Vertrauen aussprechen, unser Gewißsein, daß alles gut ist und unserem Besten dient, dann springen in den Tiefen unseres Wesens, im Seelengrund, neue Quellen des Lebensmutes, der Zuversicht und der Kraft auf, die nicht mehr versiegen, solange unser Herz und Gemüt vom Geist der Dankbarkeit erfüllt ist.

Mitten im Alltag, bei jeder Arbeit und in jeder Pause, sollten wir für alles, was wir haben und was uns in jeder Stunde an Neuem begegnet, dem unendlichen Geist des Guten in Gedanken und Worten unseren Dank zustrahlen.

Schon das bewußte Danken für *Beglückungen* fördert jene Selbst-Dynamisierung, die sich in wachsender Lebensfreude, Zuversicht und Gelassenheit äußert; noch mehr die Gewöhnung, auch für neue Aufgaben, ja für *Widrigkeiten* und Schwierigkeiten, in denen wir unsere Kräfte und Talente erproben und bewähren können, Dank zu sagen.

In Wahrheit dient alles, Lichtes wie Dunkles, Leichtes wie Schweres, Günstiges wie Widriges, unserem Fortschritt und Aufstieg und dem Wachstum unserer Kraft — und zwar doppelt, wenn wir es von vornherein und vorbehaltlos als Hilfe oder Anstoß auf unserem Wege zu den Höhen des Lebens bejahen und willkommen heißen.

Wer *alles,* was kommt, mag es ausschauen, wie es will, gleich mutig und gleichmütig als Hilfe bejaht und dankbar entgegennimmt, der kann nicht anders als immer stärker und glücklicher werden. Ihm schlägt *alles* zum Guten aus — zum Heil und Gewinn.

AM MITTAG

Der täglichen Kraftbesinnung und Selbstdynamisierung dienen wir, wenn wir nach der Heimkehr von der Morgenarbeit und unmittelbar *vor dem Mittagessen* eine 3—5-Minutenpause des Stilleseins einschalten oder eine *Umstimmungs-* und *Erfrischungsübung* etwa in dieser Form vornehmen:

Wir stellen uns aufrecht ans offene Fenster, schließen die Augen und atmen tief und bewußt die sauerstoff- und lebenskrafthaltige Luft mit der Bejahung ein, daß wir neue Spannkraft und Frische einatmen. Dann lassen wir die Luft durch den gespitzten Mund langsam, wie pfeifend, wieder hinaus, dabei in Gedanken alle Spannung und Müdigkeit hinausstoßend.

Dies wiederholen wir 3—5mal, öffnen dann die Augen, recken und strecken uns und bejahen zum Abschluß: „Ich bin frisch!"

Für das *Mittagessen* selbst gilt das schon über das Frühstück Gesagte. Der Grad der *Bewußtheit* beim Essen, der gedanklichen Konzentration auf das Kauen und den Genuß der Mahlzeit bestimmt das Maß der Verdauung, Verwertung und Bekömmlichkeit der Nahrung und damit der Ernährung und Kräftigung des Körpers entscheidender als die Nahrung selbst.

Weiter ist zu beachten, daß negative Regungen der Unlust, des Unwillens, Ärgers oder Zorns und andere Mißgefühle beim Essen die Nahrung vergiften und unerfreuliche Folgeerscheinungen zeitigen, während harmonische, frohe, liebevoll-dankbare Stimmung und freundliche Miene die Verdauung erleichtern, Unrast und Nervosität abbauen und das Wohlgefühl und Wohlergehen fördern.

Es ist eine alte Erfahrung, daß Frohsinn und Dankbarkeit beim Essen die Assimilation der Nahrung wesentlich unterstützen. Wer gut gelaunt und gemächlich kaut und ganz auf die Speise und den Vorgang des Essens konzentriert ist, also bewußt ißt, wie er auch sonst von früh bis spät alles, was er tut, *bewußt* tut, der dient sich selber und seiner leiblichen wie seelischen Wohlfahrt aufs beste.

Eine gute Hilfe ist hierbei die Gewöhnung an etwa folgende Bejahung, die man mit dem vorausgehenden *Dank* für die Nahrung an den Geist des Lebens verbindet:

„... Die in den Speisen enthaltene Lebenskraft wird schon beim Kauen gelöst und kommt allen Zellen des Leibes zugute. Die feineren Geschmacksnuancen werden beim bewußten Essen genußsteigernd spürbar. Das Essen schmeckt und bekommt mir!"

Wer bewußt ißt, holt aus der Nahrung das Vielfache heraus und wird darum von selbst *weniger essen,* also nicht Gefahr laufen, daß er sich, wie die gedankenlos dahinlebenden Alltagsmenschen, überißt. Er wird rechtzeitig aufhören, sowie der Hunger gestillt ist — also dann, wenn es am besten schmeckt.

Zudem bekommt er ein zunehmend feineres Gespür für das, was ihm bekömmlich ist. Dieser erwachende gesunde Instinkt für das Rechte verwandelt ihn unmerklich in einen Feinschmecker (im besten Sinne des Wortes), der leichtere, naturnahe, vitamin- und lebensstoffreiche vorwiegend pflanzliche Kost mehr und mehr der verschlackenden groben und schweren üblichen Nahrung vorzieht und in der Wahl und Zusammensetzung seiner Kost immer erfinderischer wird.

Im übrigen wird er nur essen, wenn er Hunger hat, und unbesorgt eine Mahlzeit überschlagen im Gewißsein, daß ihm die nächste um so besser mundet und bekommt.

Nach dem Eessen empfiehlt sich die Einschaltung einer kurzen Ruhepause, in der man sich dem Gefühl des Gesättigt- und Wohlseins überläßt, um die Essenszeit bewußt von den andersartigen Rhythmen der Vor- und Nachmittagsarbeit abzutrennen. Wer diese Dinge beachtet, wird bald die wohltuende Wirkung spüren, die über den ganzen Nachmittag ausstrahlt.

WENN DIE SONNE WESTWÄRTS ZIEHT

„Nach dem Essen soll man ruh'n oder tausend Schritte tun“ — rät eine alte Volksregel für die Stunde nach dem Mittagessen.

Gerade weil der Tag um diese Zeit seinen Gipfel erreicht hat und die Gefahr am größten ist, der Hetzjagd des Alltags zu erliegen, ist es gut, vor der Nachmittagsarbeit nach Möglichkeit eine Ruhepause oder einen Spaziergang einzuschalten — den letzteren im Stadtpark oder vor der Stadt.

Denn, wie *Goethe* sagt, „die frische Luft des freien Feldes ist der eigentliche Ort, wo wir hingehören: es ist, also ob der Geist Gottes uns dort unmittelbar anwehte und eine göttliche Kraft ihren Einfluß ausübte. Lord *Byron*, der tagsüber mehrere Stunden im Freien zubrachte, war einer der produktivsten Menschen, die je gelebt haben."

Ohne körperliche Bewegung und Betätigung verkümmert der Mensch, wenn er nicht zum Ausgleich einen regen Geist besitzt, der den Körper mitreißt. Bei der Nachmittagsarbeit vermag sich der am besten zu konzentrieren, der seinem Körper Gelegenheit gab, sich in der Mittagsstunde in frischer Luft zu bewegen.

Um seelisch und körperlich gesund und immer gleich leistungsfähig zu bleiben, gilt es täglich — den Abendspaziergang mit eingerechnet — mindestens eine, möglichst zwei Stunden in frischer Luft zuzubringen und einmal in der Woche einen größeren Marsch durch Felder und Wälder oder in die Berge zu unternehmen, wenn man keine Gelegenheit oder Zeit hat, sich sportlich zu betätigen.

Das Geheimnis der Erholung liegt auch hier wieder darin, daß man auch das Kraft- und Atemholen beim Spaziergang mit konzentrierten Sinnen genießt, die heilsamen Kräfte der Natur *bewußt* und bejahend auf sich einwirken und sich von ihnen erfrischen und erneuern läßt. Jeder Schritt geschehe bewußt, rhythmisch und spannungsfrei.

Als harmonischer Mensch biete man auch beim Gehen ein Bild kraftvoller Ruhe und Gelassenheit. Man atme tief und rythmisch und sei sich bewußt, *daß* man atmet und *was* man atmet. *Dazu* wird noch einiges zu sagen sein.

Wenn man in Wind und Sonne hinaustritt, fühle man sich von ihnen angerührt und durchkraftet. Nur lichtarme Menschen haben Angst vor der Sonne, die doch unser aller Lebensquell ist. Öffnen wir uns ihr freudig und fühlen wir uns dabei selbst bewußt als sonnenhaftes Zentrum der Kraft und der Liebe! Wenn uns das schwer fällt, nehmen wir wiederum eine *Bejahung* zu Hilfe:

„Die Sonnenstrahlen durchfluten mich! Ich trinke aus ihnen neue Kraft, neues Leben in mich hinein! Jede Zelle meines Körpers wird von ihrer positiven heilenden Kraft durchpulst! Ich bade mich im Sonnenlicht! Ich bin Sonne!"

Oder: „Sonne, dein Licht erfüllt, durchdringt und erleuchtet mich und macht mich neu! Deine Kraft durchflutet und dynamisiert mich! Ich bin Sonnenkraft! Ich bin Freude! Ich bin Leben!"

Solch *bewußte* Hingabe an die lebenspendende Sonne ist ein Vermögen, das der naturverbundene Mensch noch besitzt. Ihm ist die Natur ein immer neu beglükkendes Erlebnis; er fühlt jeden Tag neu, was Lord *Byron* empfand: „Nicht in mir selbst leb' ich allein; ich werd' ein Teil von dem, was mich umgibt, und mir sind hohe Berge ein Gefühl."

Natur und Sonne, Wind und Wetter sind unerschöpfliche Kraftquellen für den, der sich ihnen aufschließt. Bedauernswert jene, die sich über das Wetter ärgern und es immer so finden, wie sie es *nicht* wünschen: sie rauben sich das Beste, was es gibt.

Der neue Mensch stellt sich positiv ein, nimmt alles gut gelaunt entgegen, ist für alles *dankbar*, schöpft so durch sein Ja! aus allem Kraft und Gesundheit, Harmonie und Freude, und strahlt sie wiederum den ganzen Tag hindurch auf alle Wesen und Dinge aus, mit denen er in Berührung kommt.

ATEM IST LEBEN

Ohne Nahrung kann der Mensch bei Nichtbetätigung des Körpers wochenlang leben; ohne Luft wird er in wenigen Minuten ersticken. Atem ist Leben; Atmen ist die wichtigste aller Körperfunktionen.

Nun atmen wir zwar alle; aber *richtig atmen* können nur wenige. Deshalb beherrschen nur wenige ihren Körper. Nur wer den Atemgang bestimmt, vermag seinen Körper in ein williges Werkzeug des Geistes zu verwandeln. Wo der Atem nicht in Ordnung ist, ist der ganze Mensch in Unordnung.

Wir leben nur, soweit wir atmen. Um bewußt zu leben, müssen wir *bewußt atmen,* also Atem- und Gedankenstrom koordinieren. Wer den Atem mit seinem Denken begleitet, fühlt nicht nur, wie er durch den Körper fließt und wie ihm, beim Ausatmen, der Blutstrom folgt, sondern er lernt auch, die Organe des Körpers bewußt zu erleben, positiv auf sie einzuwirken und heilsame schöpferische Kräfte zu aktivieren.

Das meinte *Voltaire* mit dem Wort: „Ein gut Teil Krankheiten kann weggeatmet werden."

Wenn wir von ‚bewußtem Atmen' sprechen, werde das nicht mißverstanden. Wir müssen in der Tat lernen, das *unbewußt* vollzogene oberflächliche, kurze Atmen, das wir uns angewöhnt haben und das nur Teile der Lungen beansprucht, wieder *bewußt* zu rhythmischem Vollatmen zu vertiefen, das normalerweise von der unbewußten Arbeit des Zwerchfells bestimmt wird. Wir üben dies Kraftatmen so lange bewußt, bis es zur Gewohnheit, zu einem psychischen Automatismus, also wieder weithin *unbewußt* geworden ist ...

Von bewußtem Kraftatmen kann erst da gesprochen werden, wo wir wieder aus der Wesensganzheit atmen, also nicht nur mit dem Körper, sondern auch mit der Seele und mit dem Geiste. Wir atmen dann aus der Wesensmitte, von innen her, und spüren das an der steten Zunahme des Stark- und Gelassenseins.

Bewußtes Atmen führt — wie in meiner Schrift „*Kraft durch Atmen!*" (Baum-Verlag, Pfullingen/Württ.) ausführlicher dargelegt — zu wachsender Leistungsfähigkeit und stabiler Gesundheit. Alle Atem*übungen* haben erst und nur soweit Wert, soweit sie zu solchem natürlichen Kraftholen zurückführen, also *bewußt* vollzogen werden.

Woher diese Kraft kommt? Nicht nur aus der Atemvertiefung und vom Sauerstoff der Luft, sondern von einer Art *Lebensenergie,* die im Sonnenlicht, in der Luft, im Wasser und in jeder Nahrung enthalten ist und beim *bewußten* Atmen, Essen usw. aufgenommen, aufgeschlossen und gespeichert wird. Darüber wird noch kurz zu sprechen sein. Hier sei es nur erwähnt, um deutlich zu machen, wie wichtig es ist, daß wir beim Atmen mit Lust und Liebe, mit Leib und Seele, also mit voller Konzentration aller Gedanken, Sinne und Kräfte bei der Sache sind.

Wer das einmal getan und erfahren hat, wird fürderhin beim langsamen entspannten, rhythmischen und kraftbewußten *Ein*atmen und in der kurzen Spanne des Atemanhaltens fühlen und bejahen:

„Ich atme Sauerstoff und Lebenskraft ein und halte die Lebensenergie bewußt zurück. Sie durchflutet meinen Körper und macht mich frisch und jung, gesund und dynamisch!"

Und beim *Aus*atmen:

„Ich atme alle Spannung und Verkrampfung, Müdigkeit und Schwäche bewußt hinaus! Ich fühle mich frisch und frei durch die Lebenskraft in mir! Ich bin stark, ruhig und gesund! Ich bin Kraft!"

Um diesen Kraftgewinn zu erleben, braucht man es nur selbst zu versuchen und sich das bewußte Atmen durch Übung zur Gewohnheit zu machen.

WIE UND WAS WIR ATMEN

Graf *Keyserling* nennt den Atem „das Schwungrad des ganzen psychophysischen Organismus". Dazu wird er aber nur, wenn wir *bewußt* atmen, also die geistige Seite des rechten Atmens vor die technische stellen.

Schon *Tschuang-Tse*, der größte Schüler Lao-Tses, sah im Atem den Ausdruck der Gesinntheit: „Der Reinen Atem geht tief und gelassen; der Unweisen Atem ist flach und kurz und sitzt in der Kehle."

Über die technische Seite ist zu sagen, daß es gilt, stets durch die Nase statt durch den Mund zu atmen. Mundatmen macht den Organismus schwach und anfällig; in der Nase hingegen wird die Luft erwärmt, angefeuchtet und von Schmutz und Bakterien gereinigt.

Weiter gilt es, stets entspannt, tief und voll zu atmen, also mit den ganzen Lungen, wobei der Atemstrom zuerst in die unteren Lungenpartien dringt, so daß der Bauch sich vorwölbt, dann in die mittleren und oberen Lungenpartien, wobei der Brustkorb sich leicht hebt.

Vor allem aber geschehe der Atem *bewußt:* unter

gedanklicher Konzentration auf die Dynamik des Atemvorgangs im einzelnen. Dabei werde jeder Atemzug von der Bejahung begleitet, daß wir nicht nur *Sauerstoff* einatmen, sondern auch *Lebenskraft.*

Die Inder nennen diese Kraft *Prana,* den eigentlichen Lebensodem, der, wie der Sauerstoff vom Blut, von den Nerven aufgenommen wird und die Spannkraft, Wachheit und Vitalität erhöht. Diese Lebens-Energie wird aber nur soweit assimiliert und gespeichert, soweit wir bewußt atmen und leben. Es gilt also, sich der Aufnahme dieser Vitalenergie beim Atmen (ebenso wie beim Essen usw.) lebendig bewußt zu werden.

Um geistige Energie zu eratmen und im leibseelischen Organismus aufzuspeichern, bedarf es keiner Yoga-Übungen. Entscheidend ist allein der Grad der *Bewußtheit* beim Atemvorgang, von dem Einstrom und Zunahme der Lebensenergie abhängen. Wir müssen sie förmlich in uns hineinströmen und uns von ihr aufgeladen fühlen. Wir fördern diese Bewußtwerdung durch etwa folgende Bejahung:

„Die Lebenskraft, die ich einatme, erfüllt meinen ganzen Körper! Sie strömt durch alle Nerven und aktiviert alle Zellen und Organe, sie mit sprühender Kraft und lebendiger Bewußtheit erfüllend, sie anregend, erfrischend und verjüngend! Ich atme Kraft!"

Beim *Einatmen* wird die Lebenskraft fühlbar eingesogen, im Augenblick des Atemanhaltens gesammelt und beim *Ausatmen* bewußt in alle Teile des Körpers hinausgestrahlt. Zugleich wird dabei alles Verbrauchte, Disharmonische und Krankmachende aus dem Körper hinausgestoßen.

Der ganze leibseelische Organismus wird beim bewußten Kraftatmen spürbar dynamisiert, d. h. der Biomagnetismus, die Strahlkraft des Organismus und der Persönlichkeit wird erhöht, und zugleich wird die Lenkbarkeit des Körpers durch Gedanken gesteigert.

Darüber hinaus lernt man mit der Zeit, die Lebenskraft durch entsprechende Bejahungen in den Lebenszentren des Organismus, im Gehirn, Sonnengeflecht und Rückenmark, zu speichern und das schöpferische Leistungsvermögen wie die leibseelische Stabilität ständig auf der Höhe zu halten.

Und schließlich kann man sogar lernen, den erneuernden Lebenskraftstrom bewußt in schwache oder kranke Organe einströmen und heilungfördernd wirken zu lassen.

Wer das übt, erkennt bald, daß *Kraftatmen* kein billiges Schlagwort ist, sondern daß es sich lohnt, sich mit dieser die Meisterung von Leib und Leben erleichternden Praxis vertraut zu machen.

DER KÖRPER ALS SPIEGEL DER SEELE

„Jeder ist so elend oder so gesund und stark, wie er zu sein glaubt", sagt *Seneca.* Zwischen Gemütszustand und Körperbefinden besteht eine ständige Wechselwirkung. Der Körper ist kein toter Stoff, sondern bis in die letzte Zelle hinein voller Bewußtheit; und jeder gefühlsbetonte Gedanke wirkt auf die einzelnen Zellen und Organe als Tat-Impuls, dem sie folgen, ohne sich um das Endergebnis zu kümmern

Wer sich nun — wie es bei vielen Menschen der Fall

ist — vorwiegend unfrohen, trüben, pessimistischen, ängstlichen, also *negativen* Gedanken und Stimmungen überläßt, der gibt damit allen Körperzellen laufend Anweisungen, entsprechend negativ zu arbeiten.

Die Folge ist, daß alle Funktionen des Organismus verlangsamt, gehemmt werden, daß jede Arbeit schwer erscheint, schwerer fällt und rasch ermüdet, daß Magen und Darm träge werden, das Blut langsamer zirkuliert, Verschlackungen nicht verhindert werden und Schwächen und Mißstände eintreten, die wiederum auf das Gemüt depressiv wirken, es zu abermals negativerem Denken und Verhalten veranlassen — und so fort bis zum vorzeitigen Siechtum und Zusammenbruch...

Es ist bekannt und experimentell erhärtet, daß Mißmut den Appetit raubt und die Verdauung hemmt, Wut den Speichel in Gift verwandelt, Ärger und Kummer für Gicht und Rheuma anfällig machen, Haß Neuralgien auslöst, Eifersucht und Neid Leber- und Gallenleiden begünstigen, ständige Sorge und Furcht die Krebs-Anfälligkeit erhöhen und daß, wie jeder Psychosomatiker weiß, andere negative Denkgewohnheiten zu bestimmten anderen Leiden führen.

Wenn schon negative Denkgewohnheiten solch starken Einfluß auf das Körperbefinden ausüben, wieviel mehr vermag der Mensch dann erst mit bewußt positiven, frohen und bejahenden Gedanken zu bewirken!

Es ist bekannt, daß Freude appetitanregend, stoffwechsel- und kreislauffördernd, jeder Impuls der Liebe und des Verzeihens heilend wirkt. Schon die Bejahung des Gesundseins, also das bewußte Wegdenken von Krankheitsgefühlen, erhöht Wohlbefinden und Wohlsein, wie es schon *Goethe* — um nur ein Beispiel aus hunderten anzuführen — im Blick auf *Napoleon* aussprach:

„Napoleon hat die *Pestkranken* wirklich besucht, um ein Beispiel zu geben, daß man selbst die Pest überwinden könne, wenn man die *Furcht* davor zu überwinden fähig sei. Und er hat Recht. Ich kann aus meinem eigenen Leben berichten, wie ich bei einem Faulfieber der Ansteckung unvermeidlich ausgesetzt war und wie ich bloß durch einen entschiedenen Willen die Krankheit von mir abwehrte. Es ist unglaublich, was in solchen Fällen der moralische Wille vermag. Er durchdringt gleichsam den Körper und *versetzt ihn in einen aktiven Zustand, der alle schädlichen Einflüsse zurückschlägt*. Die Furcht hingegen ist ein Zustand träger Schwäche und Empfänglichkeit, wo es jedem Feinde leicht wird, von uns Besitz zu ergreifen."

Krankheit ist, so gesehen, Ausdruck und Auswirkung einer falschen geistigen Haltung und gestörten inneren Harmonie. Sie kann daher entscheidend von innen her bekämpft und überwunden werden. Wir müssen immer zuerst seelisch-geistig in Ordnung kommen und positiv gestimmt sein, bevor wir es körperlich sein können. Zuerst ist für innere Harmonisierung und positive Haltung zu sorgen, der dann Hochstimmung und Wohlbefinden im Körper nachfolgen.

Diesen Prozeß beschleunigen wir, wie noch zu zeigen ist, wenn wir uns oft entspannen, schweigend nach innen wenden und allen Zellen unseres Körpers bewußt Impulse der Lebenskraft und Freude zustrahlen, also Wohl- und Gesundsein als den uns allein gemäßen Zustand bejahen.

Denn unser Körper ist Spiegel und Ausdruck der

Seele und, wie unser Leben und Schicksal, das, was wir aus ihm machen.

GESINNTHEIT UND GESUNDHEIT

„Es gibt tausend Krankheiten, aber nur eine Gesundheit", sagt ein Sprichwort, das uns bewußt machen will, daß die Gesundheit gewissermaßen das Zentrale ist, alle Mißgefühle, Unpäßlichkeiten und Leiden hingegen nur ebensoviele Punkte der Peripherie, die vom Zentrum gleich weit entfernt sind.

Um vom Kranksein zum Gesundsein zu finden, gilt es folglich, uns zum *Zentrum unserer Kraft*, also einwärts zu wenden: zum vollkommenen Kern unseres Wesens, unserem innersten *Selbst*. Denn von diesem Selbst, das kein Kranksein kennt, haben wir uns entfernt: wir sind nicht mehr in Harmonie mit uns selbst und dadurch mit dem Geist des Lebens, leiden unter dem ‚Verlust der Mitte' — und dann wundern wir uns noch, wenn es mit uns nicht wohl steht, wenn wir schwach und siech werden ...

Jeder kann für sein Gesundsein-, -werden und -bleiben weit mehr tun, als er ahnt. Denn alle Zustände des Körpers sind, wie die Umstände des Lebens, *geistbedingt:* sie werden von unseren vorherrschenden Gedanken und Gefühlen bestimmt, sind das genaue Äquivalent, Spiegelbild und Echo unserer *Gesinntheit*, inneren Einstellung und Haltung.

Rechte Gesinntheit hat immer *Gesundheit* zur Folge, während aus disharmonischem Gesinntsein, geistigen Fehlhaltungen und psychosomatischen Fehlschaltungen zwangsläufig Mißgefühle und Mißstände entstehen, Verkrampfungen und Hemmungen, Stockungen und Störungen im Körper.

Am besten ist der daran, der erkennt, daß er *geistigen Wesens* ist und in dem Maße gesund wird und bleibt, in dem er dessen *bewußt* ist.

Nützen wir darum die Göttergabe der Phantasie als Heilantrieb und bejahen wir unser Heilsein von innen her: schaffen wir die zur Entfesselung des schlummernden Heilmuts und zur Erlangung und Sicherung der Gesundheit nötige positive geistige Grundhaltung durch etwa folgende *Bejahung,* die wir so oft wie möglich und in immer neuer Form wiederholen:

„Meinem innersten Wesen nach bin ich frei von Schwäche, Krankheit und Not! Mein innerstes Sein wird von ihnen nicht berührt. Der Geist ist Herr der Materie, der Geist ist gesund. Die erneuernde Kraft des Geistes durchströmt meinen Körper — den Tempel des Geistes — und erfüllt jede Zelle mit neuem Lebens- und Heilmut! Die Kraft des Geistes macht und hält mich gesund! Ich bin Kraft! Ich bin gesund!"

Diese Bejahung hat natürlich nur so weit Wert und Wirkung, als wir sie lebendig in uns gestalten, sie als geistige Wirklichkeit in uns aufbauen und dabei fühlen, wie der ganze Organismus unter dem belebenden Einfluß der seelisch-geistigen Energien neu erkraftet, sich förmlich mit Lebenskraft auflädt.

Die besten Hilfen bei allen Mißständen und Leiden sind: beharrliche Bejahungen des Heilseins von innen her, positive Einstellung von früh bis spät, uneingeschränktes Vertrauen zum inneren Arzt und Helfer, Liebe und Wohlwollen — also Freisein von Neid, Mißgunst, Eifersucht, Haß und Groll —, weiter häufige Nachinnenwendung, Gewöhnung an Frohsinn und Lebensmut und bewußtes Kraftatmen, dann die Behandlung der erkrankten Organe unter Bejahung ihres Vermögens, ihre Pflicht zu erfüllen, und schließlich die Befolgung der Gesundheitsregeln und die Unterlassung des dem leibseelischen Organismus Unzuträglichen in Ernährung, Lebensweise und Verhalten.

Dann spürt man bald, wie Wellen der Wärme und Kraft den Körper durchpulsen und dynamisieren. So führt rechte Gesinntheit zur Gesundheit — zu einem steten Aufwärts aller Kräfte und Tätigkeiten im leibseelischen Organismus als Folge der wieder bewußt erlebten und betätigten Macht des Geistes über den Körper.

DIE GEISTIGE HALTUNG ENTSCHEIDET

Wenn wir bei der Nachmittagsarbeit eine Pause einschalten, sollten wir nochmals darüber nachdenken, wie sehr nicht nur der Zustand unseres Körpers, sondern auch die Umstände unseres Lebens und das, was sie für uns bedeuten, von unserer *geistigen Haltung* bestimmt werden.

Je lebendiger uns diese Wahrheit aufgeht, desto deutlicher wird uns bewußt, daß wir im Grunde nicht aus dem Ich, sondern aus dem Selbst leben.

Wir unterscheiden bei wachsender Bewußtheit unseres Denkens und Handelns immer klarer zwischen unserem vergänglichen, dem äußeren Leben zugewandten und damit den Wechselfällen und Leiden offenen

Ich und unserem eigentlichen, unvergänglichen, leidüberlegenen innersten *Selbst.*

Und wir wachsen mit unserem Bewußtsein mehr und mehr aus dem Ich heraus und in dieses höhere Selbst hinein, das für uns mit der Zeit entscheidender und wirklicher wird als unser Ich.

Wir sprechen hier vom ‚inneren Wachstum', dessen Ergebnis C. G. *Jung* als *‚Individuation'* bezeichnet. Es ist das, was hier *Selbstverwirklichung* genannt wird, bei der das Gravitationszentrum unseres Wesens nicht mehr im Ich liegt, sondern im *Selbst.*

Auf diesem Wege entsteht, wie Jung darlegt, „eine Persönlichkeit, die sozusagen nur noch in den unteren Stockwerken leidet, in den oberen aber dem leid- wie dem freudvollen Geschehen eigentlich entrückt ist".

Jung spricht hier — ganz im Sinne der christlichen Mystiker — vom ‚pneumatischen Menschen'. Man versteht darunter einen Menschen, der immer weniger aus den Sinnen und *immer bewußter aus dem Geiste lebt.*

Kennzeichen dieses neuen Menschen ist eine spürbare ‚Niveau-Erhöhung des Bewußtseins', eine höhere Stufe von Bewußtheit und Kultur, ein Erfülltsein von einem höheren und weiteren Interesse, so daß, wie Jung hinzufügt, „das, was auf tieferer Stufe Anlaß zu Konflikten und Affektstürmen gegeben hätte, nun, vom höheren Niveau aus betrachtet, wie ein Talgewitter erscheint, vom Gipfel eines hohen Berges aus gesehen. Damit ist dem Gewittersturm nichts von seiner Wirklichkeit genommen; aber man ist nicht mehr *darin,* sondern *darüber.*"

Diese neue geistige Haltung ist allen eigen, die sich auf jenem Wege der Selbstverwirklichung befinden, der hier am Beispiel eines *bewußt durchschrittenen Tageslaufs* sichtbar gemacht wird. Wer diesen Weg geht, erhebt das, was Jung als Ideal vorschwebt, zu für jeden erreichbarer Wirklichkeit.

Unnötig, hinzuzufügen, daß diese erhöhte Bewußtheit sich auch in der täglichen Arbeit segenbringend auswirkt.

Kennzeichen des von dieser neuen geistigen Haltung beseelten Menschen ist, daß er *alles,* was er tut, mit Lust und Liebe, mit vollendeter Konzentration aller seelisch-geistigen und körperlichen Kräfte und infolgedessen mit wachsender Schnelligkeit und Leichtigkeit, mit überlegener Zielsicherheit und Erfolgsgewißheit erledigt und meistert, mit der nun schon zum seelischen Automatismus, zur unbewußten Gepflogenheit gewordenen Bejahung:

„Ich meistere jede Sache, jede Aufgabe, die an mich herantritt, jedes Werk mit Konzentration und Ausdauer, Lust und Liebe, Leib und Seele! Ich strebe meinem Ziel unter Einsatz aller positiven Kräfte solange unbeirrt entgegen, bis es erreicht ist und das nächsthöhere Ziel erkennbar wird. Diese Arbeit, die ich eben jetzt tue, soll die beste meines Lebens werden!"

DER FURCHTLOSE MENSCH

Merkmale des neuen Menschen, der den Tag von früh bis spät *bewußt* durchschreitet und aus dem Geiste lebt, sind nicht nur erhöhte Wachheit, Konzentration und Selbst-Gewißheit, sondern auch die Fähigkeit der Abstandnahme von allem Wesensfremden und das Freisein von Furcht.

Der neue Mensch weiß, daß er außer im Körper zugleich *in zwei Wohnungen* lebt, deren eine seine sichtbare Umgebung bildet, während die andere die Gesamtheit seiner Bewußtseinszustände ist, in denen er haust. Und er weiß auch, daß er beide Wohnstätten selbst eingerichtet hat und alle Zu- und Umstände seiner äußeren wie seiner inneren Umwelt selbst ändern kann.

Denkgewohnheiten entstehen durch Wiederholung bestimmter Vorstellungen und Gefühle und können — wenn negativ — durch Bejahung und Wiederholung positiver Gedanken kampflos überwunden oder geändert werden. Da alle Gedanken und Denkgewohnheiten die Anziehung der Dinge und Umstände bewirken, auf die die innere Aufmerksamkeit gerichtet ist, ist die *Umwelt* stets das genaue Äquivalent, die sichtbare Materialisation der *Innenwelt*, wie die äußeren Verhältnisse die Entsprechung des inneren Verhaltens sind.

Nun geht die Erfahrung der meisten Menschen dahin, daß *sie* — nämlich das nur halb bewußte, zielunsichere, vergängliche *Ich* — nur wenig vermögen. Anders der neue Mensch: er weiß, daß, wenn das Ich sich mit dem höheren *Selbst* verbündet, das er als seinen inneren Helfer und Führer bejaht, alle Dinge möglich werden, daß das Leben dann Freude und Glück ist und weder Mißklang noch Mißstand, weder Mißerfolg noch Furcht kennt.

Der Unterschied zwischen dem *Ich* und dem *Selbst* gleicht dem zwischen einem Schlafenden und einem hellwachen Menschen. Die meisten schlafen; ihre höheren Kräfte sind latent, unentfaltet. Der neue Mensch hingegen ist, um nochmals C. G. *Jung* zu zitieren, nur noch in den ‚unteren Stockwerken' seiner Lebenswohnung leidoffen, in den oberen hingegen leidüberlegen.

Dieser neue Mensch, der alle Dinge aus der Gipfelschau höherer Bewußtheit, Wachheit und unangreifbarer Gelassenheit betrachtet, möchte den *noch Schlafenden,* Traum- und Furchtgebundenen, zurufen:

„Wacht auf und erkennt, daß jenseits eures schwachen und sorgenden Ich, in den Tiefen eures Seins, größere Kräfte und Möglichkeiten liegen, als ihr je betätigt habt! Werdet euch bewußt und bejaht, daß die gleichen Fähigkeiten, die ihr an den Großen aller Zeiten bewundert, auch in euch vorhanden sind!

Erkennt, daß es aus jeder Not einen Ausweg gibt, daß euer innerstes *Selbst* euch nach dem Maße eures Vertrauens helfend und leitend zur Seite steht, so daß ihr allem überlegen seid und bleibt!

Erkennt aber auch, daß die Kräfte des Guten in und über euch euch nur dann und nur soweit helfen und fördern, soweit ihr zum Bewußtsein eurer wirklichen Größe und Macht und eurer Aufgabe im Leben *erwacht* seid! Dann macht euer Vertrauen und eure Selbst-Gewißheit euch gegen Furcht und Sorge, Not und Leid gefeit.

Erkennt, daß ihr *potentiell* — eurer Anlage nach — keine Sklaven der Umstände, sondern Lebensmeister seid und fähig, jeder Situation im Leben gelassen zu begegnen und jede erfolgreich zu meistern.

Wenn ihr an Gott glaubt, werdet eurer Gotteskindschaft und der Wahrheit bewußt, daß Gott euch vor allem durch *euch selbst* hilft, daß er *durch euch* für euch wirkt: Ihr empfangt unaufhörlich Inspirationen vom Geist des Lebens, die ihr nur erkennen und anwenden müßt. Ihr könnt es und braucht nur den inneren Weisungen zu folgen und der Kraft in euch zu vertrauen, um alles zu meistern.

Wenn ihr so denkt, wird es von selbst immer lichter und schöner in eurer inneren Wohnung – und im gleichen Maße auch in eurer äußeren Wohnung und Umwelt!"

DEIN ABEND

„Ein guter Abend kommt heran, wenn ich den ganzen Tag getan", sagt Goethe im Blick auf den rechten Genuß und die Sinnerfüllung des Lebens. Die meisten allerdings machen aus den freien Stunden des Abends zu wenig: sie schlagen die Stunden tot, indem sie sich ‚zerstreuen', statt diese Zeit zur Sammlung und damit zur Kraftgewinnung zu nützen.

Die *Freizeit* wird vielen zur Plage, wie der Biologe Adolf *Portmann* feststellt, „weil unsere heutige Lebensform vergißt, mit der köstlichen Gabe der *Freiheit* eine noch köstlichere zu spenden: den *Lebenssinn;* weil viele kaum recht gewahr werden, daß *Sinn* in unserem Tun ein oberster und letzter Wert ist."

Auf diese Sinn-Besinnung und Sinnerfüllung zielen die hier vermittelten Anregungen zu bewußter Lebensführung ab, die es ermöglichen, den Reichtum des Augenblicks zu sehen und auszuschöpfen und so jeden Tag bewußt in einen Glückstag zu verwandeln.

Viele denken hier: „Zuerst will ich im Leben Erfolg haben; nachdem ich meine Ziele erreicht habe und wirtschaftlich unabhängig bin, werde ich mich gern der Entfaltung meiner Persönlichkeit, dem inneren Leben und der Sinnerfüllung meines Daseins widmen."

Die so denken, wollen den zweiten Schritt vor dem ersten tun und kommen dann mit beiden nicht zurecht ... Denn das innere Leben ist das Primäre und Wirkliche, das äußere ist nur Wirkung und Gewirk des inneren.

Weiser handelt, wer den ersten Schritt zuerst tut, also zunächst für Ordnung und Harmonie im inneren Leben sorgt und damit das Fundament zum Wachstum und Glück auch im äußeren Dasein legt. Er braucht sich deshalb in keiner Weise vom äußeren Leben abzuwenden; es genügt, wenn er sich morgens und abends und in den Arbeitspausen für ein paar Minuten einwärtswendet und sich seines Verwurzeltseins im inneren Leben bewußt wird.

Zu solcher schweigenden Selbst- und Kraftbesinnung kann vor allem die schöpferische Pause am *Abend* dienen, in der man dem weisen Rat Christi folgt, *zuerst* nach dem ‚Reiche Gottes' zu trachten — nach dem Wesentlichen, dem Sinn des Ganzen, dem inneren Reich mit seinen unvergänglichen Schätzen und Werten —; um so sicherer erfährt man dann die Wahrheit der hieran geknüpften Verheißung, daß einem alsdann „alles übrige hinzugegeben wird": Friede und Freude, Harmonie, Fortschritt und Glück!

Aber es genügt nicht, zu wissen; man muß auch *tun.* Denn nicht das Erkennen, sondern erst das beharrliche und bewußte *Befolgen* der Lebensgesetze führt zum Gelingen.

Am *Abend* ist die beste Zeit, das Tagesgeschehen schweigend zu überdenken, also dem Rat des Dichters — Hermann *Hesse* — zu folgen:

„Jeden Abend sollst du deinen Tag / prüfen, ob er Gott gefallen mag, / ob er freudig war in Tat und Treue, / ob er mutlos war in Angst und Reue, / sollst die Namen deiner Lieben nennen, / Haß und Unrecht still vor dir bekennen; / sollst dich alles Schlechten schämen, / keinen Schatten mit ins Bette nehmen, / alle

Sorgen von der Seele tun, / daß sie fern und kindlich möge ruhn. / Dann getrost in dem geklärten Innern / sollst du deines Liebsten dich erinnern, / deiner Mutter, deiner Kinderzeit — / Sieh, dann bist du rein und bist bereit, / aus dem kühlen Schlafborn tief zu trinken, / wo die goldnen Träume tröstend winken, / um den Tag mit klaren Sinnen / als ein Held und Sieger zu beginnen."

Wer ein Tagebuch führt, wird diese abendliche Selbstkontrolle schriftlich vornehmen, insbesondere seine Fortschritte Tag für Tag festhalten und sich so eine sichtbare Leiter schaffen, auf der er Stufe um Stufe höhersteigt. Er lebt dann nicht mehr in den Tag hinein, sondern über den Tag hinaus.

SCHÖPFERISCHE ABEND-PAUSE

Falsch lebt, wer bis in die Nacht hinein arbeitet und dann vom Arbeitstisch ins Bett geht und vor Überreiztheit keinen Schlaf findet. Einerlei, wie lange einer abends schafft: zwischen Arbeit und Schlaf sollte, wenn man nicht mit seinen Kräften Raubbau treiben will, eine *schöpferische* Pause eingeschaltet werden.

Das Leben des heutigen Menschen ist kein harmonischer Fluß mehr, sondern ein dekonzentriertes, kraftraubendes Getriebensein: ein Tag der Hast, Unruhe und mannigfachen Ärgers jagt den anderen, und das Dasein wird schließlich unerträglich, wenn der Mensch nicht die Möglichkeit hätte, sich zeitweise aus allem herauszureißen, wenigstens im Schlaf zu entspannen und zu vergessen oder — was besser ist — sich in ruhigen Stunden bewußt auf sich selbst zurückzuziehen und sich aus dem Dämmer des Alltags in die Lichtheit des Innern und damit über die Wirrnisse und Sorgen des Daseins zu erheben.

Ohne solche schöpferische Pausen, ohne dies *Atemholen der Seele* ist er nur ein halber Mensch und lebt von einem Viertel seiner Kraft.

Mit Recht sagt Fritz *Klatt,* daß „das allgemeine Schwingungsgesetz vom Auf- und Abbau des Lebendigen erfordert, daß zwischen Werk und neuer Spannung jedesmal eine *Pause* liegt — eine Pause, in der, ohne daß etwas getan wird, doch der neue Antrieb verborgen liegt. Auf die *schöpferische* Bedeutung dieser Pause vor allem kommt es bei allen kleinsten wie größten Rhythmengefügen an, durch die das Selbst des Menschen hindurchschwingt."

Es ist keine schöpferische Atempause und bringt keine wirkliche Entspannung und Kraftneuschöpfung, wenn man sich nach der Arbeit ins Vergnügen stürzt, denn Zerstreuung kostet Kraft, während schweigende Sammlung Kraft gibt und speichert.

Zerstreuung ist es auch, wenn man die Sensationen der Umwelt durch Lektüre, Radio und Fernsehen abends wahllos in sich hineinläßt. *Gesammelt* hingegen schöpft man aus einer halbstündigen Pause mehr an Wachheit und Kraft als aus einem ganzen Ferientag.

Die schöpferische Abendpause, die hier gemeint ist, hat den Sinn, die Unruhe des Tages im Frieden des Innern zum Abklingen zu bringen. In ihr kommen wir zum Alleinsein und in ihm zur Besinnung auf unser All-Einsseins — jene Harmonie mit dem Unendlichen, ohne die wir ziel- und planlos durchs Leben irren.

Hier nehmen wir Abstand vom Ich und Kontakt auf zu unserem innersten Selbst. Im gleichen Maße weitet sich unser Blick: wir sehen den Tag und das Leben als *Ganzes,* erkennen unsere besonderen schöpferischen Vermögen und Aufgaben, werden unseres Lebensziels lebendiger bewußt. Wir schöpfen Kraft aus der Stille, haben teil am Frieden des Innern und werden zu wirklicher Selbstbemeisterung und Sinnerfüllung unseres Lebens fähig.

Wir nennen diesen Prozeß das *Erwachen des neuen Menschen.*

Der neue Mensch unterscheidet sich vom alten durch sein jederzeitiges Gesammeltsein und seine geistige Wachheit. Er entzieht sich streitlos allem Negativen, Disharmonischen und Kraftmindernden, denkt und handelt positiv, aufbauend, befriedend, bejahend und läßt Lebensfreude und Sonnenhaftigkeit täglich stärker in sich hinein- und aus sich hinausstrahlen.

Er ist ständig auf das Gute, Lichte und Positive eingestellt und überwindet Schwächen und Mängel bei sich und anderen durch unentwegte Bejahung und bewußte Entfaltung der positiven Kräfte und Umstände, da er Abend für Abend, wie noch zu zeigen ist, in der *Stille* Kraft aus dem inneren Einssein und Selbstsein schöpft.

GEH' IN DIE STILLE!

Man spricht mit Recht vom *Abendfrieden.* Aber dieser Friede des Herzens kommt nicht von außen; er muß in der Feierstunde am Abend aus dem eigenen Innern geschöpft werden. Und das können wir nur, wenn wir uns einwärts wenden, dabei von uns — dem Ich — absehen, Abstand nehmen, aus uns und unseren Sorgen heraustreten und Raum schaffen für das Erleben des Friedens und der Harmonie der inneren Welt.

Dann erlangen wir jenen ‚langen Atem', der uns im Maße unserer Entspannung hastlos, gelassen und stark macht.

Gut entspannen können wir, wenn wir uns flach auf eine Decke legen, wobei Beine und Füße etwas höher liegen als Oberkörper und Kopf. Dann atmen wir den Körper von den Füßen bis zum Kopf bewußt von allen Spannungen frei, lassen gleichzeitig bei geschlossenen Augen die Außenwelt wie einen verhallenden Ton abklingen und den Gedankenstrom abebben, bis nichts zurückbleibt als das Gefühl des Erfülltseins von der Stille und dem Frieden des Innern.

Voraussetzung völligen Entspannt- und Stilleseins ist das Abstellen der Gedankenmühle. Schon auf dem Wege vom Gedanken des Schweigens bis zum Schweigen der Gedanken lockern sich die Muskeln mit und das Gefühl der Ruhe und Harmonie nimmt zu.

Hilfen für Anfänger sind hier gefühlsbetonte Vorstellungen wie etwa diese: daß wir schwerelos in einem unendlichen absolut dunklen und stillen Raum schweben — daß wir an einem Sommerabend am Meeresstrand liegen und dem rhythmischen Schlag der Wellen lauschen — daß wir gelassen einen Sonnenuntergang genießen — daß wir zur Nacht zum fernen Lichtermeer des Sternenhimmels aufblicken und uns mit dem Heer der Sterne eins fühlen — daß wir in einem Boot liegen, das auf dem weiten Ozean einsam dahintreibt, sanft umschmeichelt von den Wogen des Meeres . . .

Wenn die Entspannung erreicht ist, das Stillesein beglückend empfunden wird, lassen wir etwa diese Bejahung folgen:

„Ein Leben ist in allen Wesen wie in allen Welten. Alle Wesen sind durch dieses eine Leben, das Leben des Geistes, eins! Ich bin mit diesem Geist des Friedens, der Liebe und der Kraft völlig eins! Er durchdringt und durchflutet Leib und Seele. Ich bin Friede! Ich bin Liebe! Ich bin Kraft!"

Diese Bejahung braucht nicht Satz für Satz wiederholt zu werden, wenn es gelingt, sie als einen einzigen gefühlsstarken Gedanken in sich lebendig werden zu lassen und sich dabei völlig dem Entspannt- und Gelockertsein und dem Frieden des Innern zu überlassen.

Während der Entspannung auftauchende negative Empfindungen und Sorgegedanken werden nicht abgewehrt oder gar gewaltsam unterdrückt, sondern dadurch zum Abklingen und Verschwinden gebracht, daß man die Aufmerksamkeit von ihnen ab- und einer positiven Vorstellung zuwendet, etwa dem Bewußtsein inneren Einsseins mit dem Unendlichen und des Einklangs des eigenen Atems mit dem Atem des Alls.

Dabei wird das Entspanntsein als wohlige Schwere und Wärme empfunden, die von den Füßen und Händen her den ganzen Körper durchströmen, lockern und mit neuer Lebenskraft aufladen.

Je williger wir uns dabei dem Frieden des Innern überlassen und uns lassen, desto vollkommener vollzieht sich die Erneuerung und Durchkraftung von innen her, desto beglückender erleben wir jene *Erholung* vom Wesenskern her, die uns immer schöpferischer und fruchtbarer werden läßt.

RECHTE ERHOLUNG

Eine häufige Klage geht dahin, daß die *Urlaubszeit viel zu kurz* sei, daß man sich erst von der vierten Ferienwoche an allmählich zu entspannen und zu erholen beginne, aber zumeist schon vorher wieder in die ‚Tretmühle des Alltags' zurückmüsse . . .

In der Tat brauchen die meisten eine mehr oder minder lange Anlaufzeit, bis sie zu wirklicher Entspannung und Regeneration gelangen. Und warum? Weil es an der rechten Abstellung der ‚Gedankenmühle' fehlt, die, von tausend Sorgen angetrieben, Tag und Nacht rattert und poltert — zumeist im Leerlauf.

Was heißt denn ‚*erholen*'? Es bedeutet nicht nur eine *Ruhepause* im Sinne der Mahnung Ovids: „Gewähre Erholung; der Acker, der sich erholt, gibt reichlich, was er dir schuldet, zurück", sondern es meint darüber hinaus ein *bewußtes Sich-Herausholen* aus dem Gefangensein im Alltag und ein schöpferisches *Atemholen der Seele,* durch das man aus den Brunnen der Tiefe neue Lebenskräfte ‚heraufholt' und in sich speichert.

Zugleich holt man dabei durch entsprechende Bejahung die im Innern schlummernden Inspirationen und Erkenntnisse ans Tageslicht, um sie recht zu nützen. (Schon im bewußten *Atemholen* liegt eine Andeutung dieses Vermögens der Selbsterkraftung von innen her).

Voraussetzung dazu ist, daß man

1) für die Zeit der Erholung die tägliche Überflutung des Gehirns und Gemüts mit Worten und Bildern durch *zu viel* Lesen, Hören und Fernsehen einschränkt,

2) sich von der ständig bohrenden Angst, etwas zu versäumen, löst und

3) sich dem *Genuß des Nichttuns* hingibt und sich mit Rilke bewußt macht, daß „gerade die Tage, da wir — gezwungenermaßen oder freiwillig — *müßig* sind, diejenigen sind, die wir in tiefster Tätigkeit verbringen, und daß unser *Handeln*, wenn es später kommt, nur der letzte Nachklang einer großen Bewegung ist, die in untätigen Tagen in uns geschieht. Darum ist es wichtig und segenbringend, mit Vertrauen müßig zu sein, mit Hingabe, ja mit Freude."

Wie eine Fastenkur dem überlasteten und überforderten Organismus zur Befreiung, Entschlackung, Entgiftung, Erholung und Erneuerung verhilft, so fördert das *gedankliche Fasten* die Neuerkraftung und Wiedergeburt von innen her.

Es gilt, uns eine Weile die japanischen drei Affen zum Vorbild zu nehmen, von denen der eine sich die Ohren, der andere die Augen, der dritte den Mund zuhält — also um der rechten Erholung willen eine Zeitlang alles unnötige Sehen, Hören und Reden auszuschalten, die Tore der Seele bewußt zu schließen und uns in den Frieden des Innern zurückzuziehen.

Das ist sogar *täglich* nötig — und zwar vor allem *abends*, in der Stunde der Stille und Meditation.

Alle Erholung, auch in den Ferien, hat nur soweit Wert, als wir uns in Stille und Schweigen dem kraftweckenden Frieden des Innern überlassen und die so gewonnene kraftvolle Ruhe über die Nacht hinweg in den neuen Tag hineintragen.

Und dieses erholsame Kraftschöpfen aus dem Innern sollten wir so lange üben, bis wir spüren, daß wir allmählich ein jederzeit *Gelassener* geworden sind, der das Lebensspiel Tag für Tag willig mitmacht — und dabei zugleich ein allen Umständen überlegener Zuschauer bleibt.

IM LEBENSSPIEL ...

Der Abend gehört der Entspannung, der Erholung und — dem Spiel im Sinne der Worte des Anacharsis: „Spiele, damit Du ernst sein kannst! Denn das Spiel ist ein Ausruhen, und die Menschen bedürfen, da sie nicht ständig tätig sein können, der Erholung." Diese Entspannung finden sie im Ruhen und Stillesein wie im *Spiel.*

Damit ist zweierlei gemeint: einmal die unbeschwerte Hingabe an Spiel und Sport, an körperliche Beschäftigung als Ausgleich für Geistesarbeiter, an geistige Betätigung für vorwiegend körperlich Schaffende; zum andern die Besinnung darauf, daß jedes Spiel Entsprechung und Hinweis ist auf das größere *Lebensspiel,* in dem wir alle Mitspieler sind — um so bessere, je lebendiger uns diese Tatsache *bewußt* wird.

Das ist wohl die höchste Form schöpferischen Atemholens und Entspannens, wenn wir uns vor dem Schlafengehen auf den Sinn des Lebensspiels besinnen, in dem wir unsere Rolle spielen — und allzu leicht so in ihr aufgehen und gebannt und verkrampft sind, daß uns die spielerische Meisterung der Lebenskunst erschwert oder gar verunmöglicht wird.

Daher rührt es, daß viele Menschen ihr Leben unbewußt und ungewollt zu einem Trauerspiel gestalten, statt sich vom Leiter des Lebensspiels, der ja in ihnen ist, so weit führen und erleuchten zu lassen, daß ihnen der *Sinn* wenigstens andeutend bewußt und die *Sinnerfüllung* des Lebens leichter möglich wird.

Ein einfacher Weg dazu ist, daß man dem Beispiel der Kinder folgt, die das Spiel des Lebens noch *unbewußt* zu ihrer Erheiterung betreiben, und daß man sucht, dasselbe *bewußt* zu tun. (Die Kinder sind darin den Tieren verwandt, deren anmutiges Spiel sogar den Unmut des von ‚tierischem Ernst' Erfüllten zu zerstreuen vermag).

Die besten Pädagogen sind unbestreitbar jene, die es verstehen, den Kindern alles, was sie zu lernen haben, *spielend* beizubringen, indem sie es ihnen „zum Spiel und Zeitvertreib machen", wie Lodge es ausdrückt.

Der Geist des Lebens macht es mit uns, seinen Kindern (die sich mit Recht ‚Kinder Gottes' nennen), ähnlich: er hilft uns, das, was unserer Vervollkommnung dient, uns spielend anzueignen oder aus uns zu entfalten.

Die meisten Menschen allerdings sind Sklaven ihres Ich und ihrer Gier: sie wollen Glück und Erfolg erzwingen — und vereiteln eben dadurch das, was ihnen bei rechtem Verhalten spielend gelänge ... Hieraus ergibt sich eine praktische Regel:

Wer sich verkrampft und zerquält fühlt, mit dem Leben nicht zurecht kommt, gebe sich in der abendlichen Entspannung einer spielerischen Tätigkeit hin, etwa dem Zeichnen, Malen oder Basteln, wobei es gilt, kein Ziel zu verfolgen, keine Absichten zu hegen, sondern gewissermaßen ‚es' durch sich wirken, die inneren Bildekräfte spielen zu lassen. Das kann zu drei positiven Ergebnissen führen:

Erstens geht uns dabei auf, daß all das, was wir dem

Leben abtrotzten, unter unendlichen Mühen zu erzwingen vermochten, wenig Bestand hat, während das spielend Erreichte uns solange bleibt, als es unserem Fortschritt dienlich ist.

Zweitens lernen wir dabei uns selbst kennen, entdecken neue Kräfte und Fähigkeiten und werden fähiger, aus uns selbst und dem Leben das Beste zu machen und an allem zu wachsen.

Und drittens wird uns bewußt, daß im gleichen Maße, wie wir die Regel des Lebensspiels erkennen und befolgen, alle Dinge harmonisch ineinandergreifen und uns immer mehr alles spielend gelingt.

SINN DES LEBENSSPIELS

Wenn vom *Lebensspiel* die Rede ist, werde das nicht dahin mißverstanden, als ob das Leben ein Spiel und darum nicht ernstzunehmen sei. In Wirklichkeit ist es das ernsteste und gerechteste, bei rechter Einstellung aber zugleich das beglückendste Spiel, das vom Geist des Lebens für seine Kinder geschaffen wurde, damit sie spielend zu wachsen, zu reifen und sich zu vollenden lernen.

In der Tiefe unseres Wesens sind wir dieses Lebensspiels durchaus bewußt, wie unsere Sprache verrät: wir reden von der komischen oder tragischen ‚Rolle', die einer im Leben spielt, vom Einsatz und Preis, von Verlust und Gewinn, von Gespielen und Gegenspielern.

Von einem Menschen, der sich in seiner Rolle übernimmt, sagen wir, daß er sich ‚aufspielt', und wenn er scheitert, daß er ‚verspielt' hat. Wir sprechen davon, wie-viel manchmal für uns ‚auf dem Spiele steht' oder — um andere ‚Anspielungen' zu nennen —, wie ‚kostspielig' das Leben sei, wie eng oder groß uns der ‚Spielraum des Lebens' erscheint.

Wir sprechen vom ‚freien Spiel der Kräfte' und, beim Gelingen, davon, daß wir ‚gewonnenes Spiel haben' oder, beim Mißlingen, daß ein anderer ‚die Hände im Spiel habe', daß für uns ‚alles auf dem Spiele steht' und wir erwägen, ob wir ‚alles aufs Spiel setzen' oder ‚das Spiel verlorengeben' sollen, um nur einige ‚Beispiele' zu nennen . . .

Was der Mensch als Kind unbewußt tut, sollte er als Erwachsener *bewußt* tun: wie die Kinder Schule, Familie, Beruf, Leben ‚spielen', mit frohem Ernst an ihre Rolle hingegeben, bis sie, spielmüde, Abstand nehmen und erklären: „Ich spiel' nicht mehr mit" — so sollten wir Erwachsenen unsere Rolle im Lebensspiel werten, bei Enttäuschungen Abstand nehmen und im Bewußtsein, daß wir in Wirklichkeit *über dem Spiel* stehen, den Charakter des Spiels ändern oder ein schöneres Spiel beginnen.

Jeder von uns sollte erkennen, daß er nicht nur ein *‚homo sapiens'* ist, ein vernunftbegabter Mensch, sondern auch ein *‚homo ludens'*, ein spielender Mensch, für den Lebenskunst rechte Befolgung der Spielregeln des Lebens bedeutet, und darüber hinaus ein *‚homo superior'*, ein in sich selbst ruhender spiel-überlegener *Geistmensch*, der das Leben als *Schule* erkennt und als Gelegenheit bejaht, im Vertrauen auf den geheimen Schul- und Spielleiter, der in ihm am Werke ist, und in willigem Zusammenwirken mit ihm spielend zu wachsen und sich fortschreitend zu vervollkommnen.

Bei solcher Besinnung auf das Lebensspiel, auf die Rolle, die wir derzeit darin innehaben, und auf das, was wir *darüber hinaus* sind, geht uns der Sinn des Schiller-Wortes auf: „Der Mensch spielt nur, wo er in voller Bedeutung des Wortes *Mensch* ist, und er ist nur da *ganz* Mensch, wo er *spielt*" — wo er bewußt spielt, sich als Mitspieler und zugleich als Zuschauer des Lebensspiels erkennt, von Zeit zu Zeit Abstand nimmt, sich über die Dinge und Bedingungen des irdischen Spielfeldes erhebt, um seines Menschseins und seiner Bestimmung wie seines Einsseins mit dem Leiter des Lebensspiels immer lebendiger bewußt zu werden.

Im gleichen Maße geht ihm, mitten im Lebensspiel, das Beglückende jener inneren Freiheit und Gelassenheit aus Wirklichkeitskenntnis auf, die dem Weisen eignet:

„Wer einmal, frei vom großen Wahn, / ins leere Aug' der Sphinx geblickt, / vergißt den Ernst des Irdischen / aus Über-Ernst — und lächelt nur . . .

Ein Spiel bedünkt ihm nun die Welt, / ein Spiel er selbst und all sein Tun. / Wohl läßt er's nicht und spielt es fort / und treibt es zart und klug und kühn — / doch lüftet ihr die Maske ihm: / er blickt euch an — und lächelt nur."

SEI DU SELBST!

„In jedem ruht ein Bild des, das er werden soll. Solang' er das nicht ist, ist nicht sein Friede voll." Dieses alte Wahrwort mahnt uns, dem zuzustreben und das zu verwirklichen, worauf wir angelegt sind.

Das geht über die Forderung der griechischen Philosophen: *„Erkenne Dich selbst!"* weit hinaus. Es ruft uns zu: *Sei Du selbst!* Bringe das, wozu Du geneigt, geeignet und befähigt bist, zu höchster Vollendung! — und es meint im Letzten: *Verwirkliche Dich selbst!*

Schon auf dem Wege dorthin erkennen wir, daß alle Unruhe und Unzufriedenheit, die Existenzangst und das Gefühl des Ungeborgenseins um so quälender werden, je weiter wir uns von uns selbst entfernen, hingegen um so sichtbarer schwinden, je näher wir uns selber kommen, je mehr wir in uns selber ruhen und wir selbst sind.

Das Spiel des Lebens und alle Lebenskunst und -weisheit zielt auf diese fortschreitende Selbstvollendung, bei der uns unsere *Doppelrolle* als Mensch bewußt wird: die des guten oder schlechten *Mitspielers* im äußeren Lebensspiel einerseits und die des *Zuschauers* andererseits, für den das Dasein — von innen her gesehen — ein Schauspiel ist, dessen Freuden und Leiden, Verwicklungen und Bedeutsamkeiten er gelassen durchschaut.

Kein Geringerer als *Schopenhauer* weist darauf hin, daß jeder von uns in seiner ‚Persönlichkeit' ein Mitspieler im Lebensspiel ist; denn „persona bedeutet ursprünglich und eigentlich eine Schauspielermaske; und allerdings zeigt sich keiner, wie er *ist,* sondern jeder trägt eine Maske und spielt eine Rolle, wobei die Menschen, die nach einem glänzenden und langen Dasein statt nach einem tugendhaften Leben streben, den törichten Schauspielern gleichen, die immer brillante, siegreiche und lange Rollen wollen, weil sie nicht einsehen, daß es nicht darauf ankommt, *was* und *wieviel* sie spielen, sondern *wie* sie spielen."

Die meisten sind sich dieser Doppelrolle selten oder gar nicht bewußt. Sie sind an das Lebensspiel wie an einen Traum hingegeben und machen eben dadurch aus heiterem Spiel oft bitteren und verbitternden Ernst.

Glücklicher sind jene, die tiefer sehen, wacher und bewußter leben, und am glücklichsten die, welche noch ein Drittes erkennen: daß der Spielleiter *in ihnen* ist als ihr innerer Führer und Helfer und es ihnen jederzeit ermöglicht, statt verbissene Verlierer gelassene Gewinner im Lebensspiel zu sein.

Eben dies meint Schillers Wort: „Das Spiel des Lebens sieht sich heiter an, wenn man den sicheren Schatz im Herzen trägt", der inneren Führung und Hilfe gewiß ist, um den Sinn des Spieles weiß und bewußt nach Lebenssinn-Erfüllung strebt.

Denn im gleichen Maße geht einem auf, daß es in der Tat eine spielerische Form der Alltags- und Lebensbemeisterung gibt, die es jedem freistellt und möglich macht, wenn auch nicht ohne Mühe und Verantwortung, so doch ohne Angst und Sorgen zu leben und Schritt um Schritt höher zu steigen.

Die Aufgabe und Verantwortung bleibt die gleiche; aber da er nun im Einklang mit den Lebensspielregeln wirkt, ist er des guten Ausgangs gewiß und zu jedem Wagnis bereit.

Die volle Erkenntnis dieser Zusammenhänge ist für die Meisterung der Lebenskunst und für die Sinnerfüllung des Lebens so wichtig und entscheidend, daß wir darüber nicht oft genug nachsinnen können, um zu wachsender Wachheit, Klarheit und Weggewißheit zu gelangen.

VERWIRKLICHE DICH SELBST

Zum Gipfel positiver Lebenskunst und zum spielenden Gelingen unserer Vorhaben führen vier Verhaltensweisen: Bejahung, Vertrauen, Rücksichtnahme und williges Geschehenlassen. Sie entsprechen den Grundregeln des Lebensspiels, und wo sie beachtet werden, ordnet sich alles von selbst zum Besten. Denn sie bewirken Übereinstimmung von innen her, die mehr ist als bloß äußerliche Übereinkunft und Vereinbarung.

Wer in sich selber ruht, nach Selbstsein und Selbstverwirklichung strebt, hat eine andere Einstellung zu seinen Mitmenschen als der noch Ichgebundene: Er sieht in den anderen *Mitspieler* und verhält sich ihnen gegenüber, auf gutes Zusammenspiel bedacht, stets kameradschaftlich und fair, wohlwollend und hilfsbereit.

Ein schlechter Spieler richtet sich selbst, ein guter sucht sich gute Mitspieler und sorgt, daß alle sich wechselseitig im Lebensspiel fördern und gemeinsam vollenden. Bei allem, was ihn trifft, wird er gleich willig ‚im Spiel bleiben'. Nicht Gewinn und Verlust, sondern das ständige Wachstum, Stärker-, Tüchtiger- und Besserwerden ist ihm wichtig.

Darum bleibt er, als guter Spieler, ‚immer am Ball' — immer bewußt auf das Hohe Ziel der Selbstvollendung und Lebenssinnerfüllung eingestellt, bis er ihm schließlich unbewußt, automatisch zusteuert. Denn alle bewußt vollzogenen Denk- und Verhaltensweisen werden durch Übung zu Gewohnheiten und am Ende zu Charaktereigenschaften und Wesenszügen.

Am Ball bleibend, wird er, einerlei, ob er Verteidiger, Läufer oder Stürmer ist, den Weg des Balls und den Spielverlauf entscheidend mitbestimmen.

‚Am Ball bleiben' heißt im täglichen Leben: von früh bis spät des Hochziels bewußt sein und alles, was man denkt und tut, darauf richten und abstimmen, und alles lassen, was von ihm ablenkt und wegführt.

Er wird sein Menschentum bewußt entfalten, seine Eignungen und Neigungen beachten und seine positiven Fähigkeiten und Begabungen aktivieren und ausbauen, sein Leistungsvermögen und damit seinen Wert für die Umwelt und seinen Einfluß auf den Ablauf des Lebensspiels ständig steigern und dahin wirken, daß Beruf und Berufung sich immer vollkommener decken.

Letztes Ziel allen bewußten Mitspielens im Daseinskampf ist, daß wir immer mehr der werden, der wir *sind,* daß unser innerstes Wesen sich verwirklicht und wir unseren Platz im Lebensspiel immer besser ausfüllen, d. h. den Sinn unseres Da-Seins erfüllen und unser Leben zu einem Meisterwerk machen.

Wer aus dieser Zielsetzung heraus lebt, der entfaltet im bewußten Werden und Wachsen die vier erfolgentscheidenden Verhaltensweisen:

Er übt sich darin, immer mehr ein *Bejahender* zu sein, der eben durch sein Ja aus allem das Beste macht.

Er hat *Vertrauen:* Vertrauen zu sich selbst und seinem Können, Vertrauen zu seinen Mitspielern, Vertrauen vor allem zum Spielleiter, dem Unendlichen Geist des Guten.

Als Bejahender ist er von wohlwollender *Rücksichtnahme* gegenüber seinen Mitgeschöpfen, Mensch und Tier, erfüllt und erfährt beglückt, wie die Umwelt ihm im gleichen Maße fördernd entgegenkommt.

Aus seinem Vertrauen zum Geist des Lebens wiederum entspringt die Bereitschaft zu *willigem Geschehenlassen:* wie er Gott als seinen inneren Helfer bejaht, so fühlt und erfährt er sich wiederum beglückt von Ihm bejaht und Stufe um Stufe zu jener Vollkommenheit emporgeleitet, auf die hin er sich wie alle Mitgeschöpfe vom Schöpfer aller Welten und Wesen angelegt und bestimmt weiß.

ZIELSETZUNG FÜR DEN NEUEN TAG

Den Tag und das Leben meistert, wer sich gewöhnt, den Ablauf jedes neuen Tages durch weise Zielsetzung geistig soweit wie möglich vorauszubestimmen nach der Lebensregel: Erst denken, dann handeln!

Jede Zielsetzung beginnt mit der selbstbesinnenden Klarstellung des Startpunktes, der ‚Situationsanalyse':

Wir gehen von unserem gegenwärtigen Stand aus — dem Grad unserer Wesens- und Lebenswachheit, dem Stand unserer privaten, beruflichen, finanziellen Verhältnisse, unserer Stärken und Schwächen — und schließen die Analyse an: die aus der Kenntnis unseres bisherigen Weges und der zur Verfügung stehenden Mittel, unserer Neigungen und Eignungen, des Trends zur nächsthöheren Etappe unserer Lebenszielsetzung und unserer persönlichen und beruflichen Verpflichtungen sich ergebenden nächsten Aufgaben.

Hieraus erwächst die eigentliche *Zielsetzung* für den kommenden Tag, wobei wir zuerst das Mögliche und Erreichbare ins Auge fassen und prüfen, wieweit wir darüber hinaus auf das nächsthöhere Ziel vorzustoßen vermögen.

Aus der Zielsetzung ergibt sich die *Planung*: die zeitliche Terminsetzung für die einzelnen Schritte, Maßnahmen und Arbeiten des neuen Tages vom Morgen bis zum Abend unter Berücksichtigung aller zu Gebote stehenden Mittel und Möglichkeiten.

Das fertige Programm des neuen Tages beschließen wir mit einer *Bejahung des Gelingens:* wir erfüllen unser Bewußtsein und Gemüt im Blick auf den neuen Tag und unser Arbeitsprogramm mit positiven Impulsen glückhaften Tuns, machen unsere sonst an der Oberfläche bleibende Zielsetzung bewußt erfolgbetont und *dynamisch* und uns selbst offen und schicksalswach für die Hilfen von innen und außen — für neue Gedanken und schöpferische Inspirationen, Erkenntnisse tieferer Zusammenhänge und neuer Möglichkeiten wie für günstige Gelegenheiten, freundschaftliche Hilfen und Glücksfälle.

Dadurch erst werden wir erfolgträchtig und glückwürdig.

Weitere Folgen solcher Bejahung, die zugleich Selbst- und Kraftbejahung ist, sind erhöhte Aktivität am kommenden Tage, größere Zielstrebigkeit und Durchsetzungskraft, Dankbarkeit für jede Förderung, Rücksichtnahme gegenüber unseren Mitspielern im Lebenswettkampf und vertrauendes Eingehen auf Weisungen des ‚Spielleiters', der inneren Führung.

Rechte Vorausbestimmung des neuen Tages ist ein lebendiges Glied der Jahres- wie der Lebenszielsetzung. Die Meisterung dieser kleinsten Einheit ist für das Ganze erfolgentscheidend. Denn ein glückreiches Leben setzt sich, wie schon dargelegt, aus recht gemeisterten Tagen zusammen. Jede Ordnung im Kleinsten kommt dem Lebensganzen zugute; jeder gut vollbrachte Tag erhöht das Selbstvertrauen, die Zielstrebigkeit und Durchsetzungskraft im Leben.

Nochmals: nicht die Planungs-*Technik* ist das Entscheidende, sondern die *Dynamik*, die hinter unserem Denken und Tun steht, der Grad der Bewußtheit, der Geist, der uns beseelt.

Bei bewußter Befolgung der Lebensspielregeln ist die Zukunft für uns nicht mehr die ‚große Unbekannte in der Lebensrechnung', sondern so gewiß und licht wie die Gegenwart.

Denn wer richtig denkt und recht lebt, der lebt im ewigen *Jetzt* und erweist sich in seinem Menschsein als Erfolg: er entfaltet unmerklich jene geniale Bewußtheit, die Kennzeichen des *höheren Menschentums* ist, auf das hin wir alle angelegt sind und dem wir in fortschreitender Selbstverwirklichung immer freudiger entgegenschreiten.

DIE NEUE DYNAMIK

Wir leben in der Morgenröte eines neuen Zeitalters, dessen Geistwellen bis in unser Alltagsleben hinein wirken — um so spürbarer und beglückender, je bejahender wir uns auf die neuen Rhythmen einstellen, statt angstverkrampft gegen den Strom der Entwicklung zu schwimmen.

Einige sprechen diesbezüglich vom ‚Atom-Zeitalter', andere vom ‚*Wassermann-Äon*', noch andere — im Blick auf die beginnende Raumfahrt — vom ‚*kosmischen Zeitalter*'. Mit noch mehr Berechtigung kann man es das dynamische Zeitalter nennen, weil sein Hauptmerkmal eine *neue Dynamik* ist, deren Trend und Zug nach oben einem mit der Zunahme der inneren Wachheit immer lebendiger bewußt wird.

Diese neue Dynamik kommt nicht nur im stürmischen Fortschritt der Technik zum Ausdruck, im Vorstoß der Naturwissenschaften in neue Erkenntnisbereiche, in der sichtbaren Zusammenschmelzung der Menschheit zu einer planetarischen Einheit, sondern auch im Durchbruch der Psychologie in unerforschte Bewußtseinsdimensionen, in der Neubegegnung von Wissenschaft, Philosophie und Religion, im Aufbruch des Menschen von der Erde ins All und im Werden eines neuen dynamischen Weltbildes von universellen Ausmaßen.

Aber auch auf unseren *Alltag* greift die neue Dynamik über. Was hier vermittelt wird, will der Bewußtmachung dieser Tatsache dienen und die schöpferischen Tiefenkräfte, die heute in immer mehr Menschen nach oben drängen, aktivieren helfen.

Die für jedermann greifbaren Früchte dieser *‚Selbstdynamisierung'* sind: wachsende Wachheit und Leistungsfähigkeit, erhöhte Selbst-Gewißheit nach innen und Standfestigkeit nach außen, glückbewußteres Leben auf der Sonnenseite des Daseins, das in größerer Ausgeglichenheit und Gelassenheit, leibseelischer Gesundheit und Schaffensfreudigkeit, in der Zunahme des Führungsvermögens, in harmonischeren Umweltbeziehungen und insgesamt im *spielenden Gelingen* der täglichen Arbeit zum Ausdruck kommt.

Der von den Geistwellen der neuen Dynamik Berührte lebt mehr aus dem Geiste als aus den Sinnen. Was er denkt und tut, ist weniger ichhaft und dem äußeren Dasein verhaftet, sondern weist eine im Selbst gründende und mehr dem Geiste zugewandte Tendenz auf.

Und es führt, weil von höherer Warte, aus einem weiteren Blickwinkel bestimmt, auf weite Sicht zu immer vollkommeneren Ergebnissen, die der auf ständiges Wachstum, bewußteres Leben und fortschreitende Selbstvollendung abzielenden inneren Dynamik des Menschenwesens entsprechen.

Der Mensch fühlt sich schrittweise in jenes *neue Leben hinübergeleitet,* in dem es ist, als ob alle Wesen, Dinge, Mittel und Umstände zu seinem Wohl und Fortschritt zusammenwirken, als ob die günstigen Zufälle und Glücksgelegenheiten, hilfreichen Führungen und Fügungen ständig zunehmen ... Jetzt hat er das beglückende Gefühl, daß er ‚auf dem Wege' ist — auf dem Wege zur Selbstverwirklichung.

Während jene, die noch keinen Hauch dieses neuen Lebens verspürten, oft meinen, ihr Dasein habe ‚keinen Sinn', erweist sich dem von der neuen Dynamik Berührten mehr und mehr auch das kleinste Geschehen im Tagesablauf als sinn- und weisheitsvoll, als gut und höherführend, als Hinweis auf seine Gaben und Aufgaben, deren Entfaltung und Erfüllung zugleich Sinnerfüllung des Lebens bedeutet.

Wer so lebt, *bewußt lebt,* der fühlt sich zu jeder Stunde geführt, beschenkt und bereichert, und seine Antwort darauf reicht vom freudigen Staunen bis zu jener *Dankbarkeit,* die ihm das Glücklichsein durch Glücklichmachen anderer zur lieben Gewohnheit werden läßt.

LEBENDIGES WACHSTUM

„Der Mensch, wie ein Baum des Himmels aufrecht gepflanzt, wächst langsam, weil er am meisten zu lernen hat, da bei ihm alles auf selbst erlangte Fähigkeit, Vernunft und Kunst ankommt", sagt *Herder* in seinen „Ideen zur Philosophie der Geschichte der Menschheit" — und fügt ermutigend hinzu, daß Gott in den Menschen „einen Strahl seines Lichts, einen Abdruck der ihm eigenen Kräfte gelegt hat, so daß der Mensch von sich sagen kann: ‚Ich habe etwas mit Gott gemein; ich besitze Fähigkeiten, die der Erhabene auch haben muß, denn er hat sie rings um mich offenbart'."

Der Mensch, der, vorwiegend nach außen blickend, dieser Wahrheit selten oder garnicht inne wird, wächst langsam.

Sein Wachstum nimmt aber alsbald ein anderes Tempo an, sowie er, nach innen blickend, der in ihm angelegten Kräfte und Fähigkeiten und seines ständigen inneren Reicher- und Reiferwerdens lebendig bewußt wird.

Als erstes wird er frei von jener wachstumhemmenden seelischen Atemnot, die als Lebensangst so oft in denen aufquillt, die zwar äußerlich mit dem Leben fertig werden, innerlich aber, auf der Kindheitsstufe stehengeblieben, mit sich selber nicht zurechtkommen und an sich wie am Sinn des Lebens vorbeileben.

Die größere Gelassenheit und Schicksalsharmonie des seines inneren Wachstums bewußten ‚neuen Menschen' ist Folge seiner erhöhten Wachheit, die bewirkt, daß sein Sinnen bei jedem Werk zugleich auf seinen *inneren Fortschritt*, sein Größer-, Reifer- und Weiserwerden gerichtet ist: er tut mit jedem Schritt, den er äußerlich vollzieht, zugleich einen nach innen, auf dem Wege zu sich selbst; während bei denen, die nur nach außen blicken, ein *Fortschritt* leicht zu einem *Schritt von sich selber fort* — also abwärts statt aufwärts — wird ...

Vor dem innerlich Wachen und seines lebendigen Wachstums Bewußten steht beständig das ‚Bild des, was er werden soll', das er mit jedem Gedanken und jeder Tat aus sich herauszubilden und zu verwirklichen trachtet. Weil er diesem inneren Bild die Treue hält, führt ihn jeder Schritt nicht nur im innern, sondern auch im äußeren Leben aufwärts.

Sichtbare Folge ist die Zunahme seiner inneren Harmonie und Selbstgewißheit, des Friedens und der Gelassenheit einerseits und seiner magnetischen Strahlkraft andererseits, der sich alle Dinge und Wesen der Umwelt sympathisch zuneigen und unbewußt gleichrichten.

Das ist kein Wunder, denn unmittelbare Auswirkung inneren Wachstums ist jene liebevoll-aufgeschlossene Bereitschaft zu gegenseitiger Förderung und Hilfe, die ihn zu einem Kraft- und Lichtzentrum, zu einer ‚geistigen Sonne' werden läßt, der sich die Wesen ringsum kraft ihres natürlichen Heliotropismus willig zuwenden, weil sie dadurch eine spürbare Bereicherung und Steigerung ihres eigenen Seins erfahren.

Weitere Frucht seines inneren Wachstums, das durch häufige Bewußtmachung und freudige Bejahung gefördert wird, ist sein Wachwerden für die allem Lebensgeschehen zugrundeliegende innere Ordnung, Harmonie und weisheitsvolle Führung, die sich selbst in

Zufällen kundtut und deutlich macht, daß und wie alles seinem Reifer- und Weiserwerden, seinem Aufstieg und seiner fortschreitenden Selbstverwirklichung dient, so daß er sich schließlich mitten im Alltag jederzeit im Lebensganzen wie im Herzen der Gottheit geborgen weiß.

VOR DEM SCHLAFENGEHEN

Wir nähern uns dem Ende unserer Tages-Betrachtung, mit der versucht wurde, das wesentlich *Neue* aufzuzeigen, das jeder Tag dem Menschen gibt, der ihn von früh bis spät *bewußt, bejahend* und *vertrauend* verbringt und dafür sorgt, daß der Abend zum harmonischen Ausklang wird und die zerstreuenden Einflüsse der Außenwelt dem Frieden des Innern weichen.

... Wenn die Sonne im Westen untergegangen ist und der Himmel sich verdunkelt, treten die ewigen Sterne hervor. Im gleichen Maße sollten wir uns am Abend der *inneren Sterne* bewußt werden, die unser Schicksal bestimmen.

„Am Abend duftet alles, was man gepflanzt hat, am lieblichsten", sagt der Dichter, der erkannte, wie segenbringend sich ein recht gelebter und froh bejahter Tag am Abend auswirkt.

Wenn Gott bei Erschaffung der Welt am Abend jedes Tages das Gewordene anblickte und ‚sah, daß es *gut* war', dann dürfen auch wir als seine Kinder den vollendeten Tag *gut* heißen.

Wenn wir das *bewußt* tun, also jede Minute des Tages bejahen, tragen wir das Bestmögliche dazu bei, daß *jeder Tag gut ist,* uns der Selbstvollendung einen Schritt näherbringt und uns abermals lebendiger an jenem neuen Leben teilhaben läßt, das immer höher führt und immer glücklicher macht.

Wir können alle — durch Bejahung und Vertrauen, Dankbarkeit und Gelassenheit — dazu beitragen, daß unser aller Dasein in der Schule des Lebens mit jedem Tage lichter und leichter wird, erträglicher und ertragreicher, erfreulicher und wesenhafter.

Wohl uns, wenn wir sagen können, daß wir heute Gutes wirken konnten und gewachsen sind, daß dieser Tag seinen höherweisenden Sinn und Inhalt hatte, und wenn wir bejahen können:

„Ich habe heute im Spiel des Lebens den mir gemäßen Platz aufs beste auszufüllen versucht und im Sinne des Spielleiters, des Geistes des Lebens, gehandelt. Ich bin in Harmonie mit dem Ewigen; darum ist alles, was ich wirke und was um mich herum geschieht, Ausdruck und Frucht dieser Harmonie und gut! Es dient meinem Wachstum und meiner Vervollkommnung, der Sinnerfüllung meines Daseins und dem Geist des Ganzen!"

... Im Blick zurück lassen wir noch einmal den Tag im Geiste an uns vorüberziehen, der guten Dinge gedenkend, die er uns gab, und der guten Gedanken, Worte und Taten, die von uns ausgingen, und uns zugleich entschließend, den neuen Tag *noch* schöner und unser Leben noch harmonischer zu gestalten.

„*Freude* wird jedesmal Dein Abendbrot sein, wenn Du den Tag nützlich zugebracht hast", sagt Thomas von Kempen, — Freude auch darüber, daß, wenn wir das Höchstmögliche aus uns und dem Tage machten, wir am morgigen Tage um so gewisser Glück Empfangende und Gewinnende im Lebensspiel sein werden. Denn, wie der Dichter hinzufügt, „ein Tag lehrt den anderen", oder: wie der heutige Tag der Schüler des gestrigen war, so ist der morgige Frucht des heutigen.

Wenn wir so leben, bewußt und bejahend, oder wenigstens so zu leben trachten, dient uns alles als Belehrung und als Mittel zur *Bewährung*.

Und wenn wir uns heute in einem oder einigem bewährt haben, haben wir zugleich die *Gewähr,* daß auch der kommende Tag für uns zur Stufe wird auf unserem Wege zur Höhe.

Auf *unserem* Wege — denn wir gelangen dabei unmerklich von selbst auf den uns allein gemäßen *eigenen Weg* und nähern uns auf ihm abermals ein wenig dem Hohen Ziel fortschreitender Selbstverwirklichung und Sinnerfüllung unseres Lebens.

EWIGER FORTSCHRITT

Am Abend schließt sich der Kreis des Tages. Ebenso vollendet sich der Kreis der Einsichten, die uns die bewußte und bejahende Hingabe an die Freuden und Aufgaben des Tages schenkt.

Zu diesen Einsichten gehört die befreiende Erkenntnis, daß wir nicht so zu bleiben brauchen, wie wir bisher waren, weil wir nie Fertige, sondern immerfort *Werdende* und uns höher Entfaltende sind: Wir sind Teilhaber eines neuen Lebens, das ständig höher führt, und sehen uns in einem Prozeß ewigen Fortschritts und Aufstiegs. Hierin liegt das Beglückende, das der Dichter ahnte:

„Die Lebenslust hat nicht den Grund im bloßen *Sein;*
Im steten *Werden* liegt des Lebens Reiz allein,"

in dem anspornenden, immer neue Kräfte und Talente weckenden Gewißsein, daß wir, bewußt lebend, von

Tag zu Tag und von Jahr zu Jahr durchlässiger, empfänglicher und ansprechbarer werden für den Geist des Lebens, der unser Vollkommenwerden will.

Wir erfahren uns als ewig Wachsende, als ständig wacher, größer und reifer Werdende, denen jede neue Vollendungsstufe Ausblicke eröffnet auf abermals höhere Gipfel allbewußten Seins und schöpferischen Wirkens.

Im gleichen Maße wird uns lebendiger bewußt, daß wir von Gott her auf diese fortschreitende Selbstverwirklichung angelegt sind und daß unser Leben um so lichter und beglückender wird, je williger wir dem Drang nach vorn und dem Zug nach oben folgen.

Das ist die schönste Gipfelung des Tages: die abendliche Besinnung auf die Tatsache unserer Gotteskindschaft: auf unser Angelegt- und Berufensein zur Vollkommenheit.

Wir sind — wie uns in jeder den Tag beschließenden Stille und Meditation klarer wird — keine staubgeborenen Erdenwürmer ohne Wissen vom Warum, Wozu und Wohin; wir sind kosmischen Ursprungs, göttlicher Herkunft und sollen im Laufe unserer Entfaltung zu Vollmenschen werden und uns als Gottmenschen vollenden und bewähren.

Je bewußter wir dieses Ziel ansteuern, desto tiefer und größer, lichter und reicher wird jeder Tag und — im Ergebnis — unser Leben.

Zugleich erfahren wir dabei, daß *jeder von uns* mit allen Gaben und Kräften ausgestattet ist, das Doppelziel der Selbstverwirklichung und Lebenssinnerfüllung zu erreichen, da jeder von uns in seinem allerinnersten Wesenskern ein Kind des Lichts und Erbe des Reiches

Gottes ist — ein Einmaliger, mit besonderen, nur ihm eigenen Fähigkeiten und Möglichkeiten, die in dieser Synthese kein zweites Mal wiederkehren.

Diese Einzigartigkeit jedes einzelnen von uns ist dem zu sich selbst Erwachenden Hinweis auf seine einmalige Aufgabe und Berufung, die in ihm angelegten besonderen Gaben und Kräfte in ewig fortschreitender Selbstverwirklichung immer vollkommener zur Entfaltung und Reife zu bringen.

Denn nur auf diesem Wege gelangt er zur Erfüllung auch seiner zweiten großen Erdenaufgabe: zur Sinnerfüllung seines Lebens, die für ihn zugleich stetig zunehmende Glückwürdigkeit und Glückfähigkeit bedeutet.

RUHE-ÜBUNG

„Alle Menschenherzen sehnen sich nach Ruhe und Geborgenheit, ob sie dessen bewußt sind oder nicht", sagt Meister Eckehart.

Die halb-bewußt Dahinlebenden finden aus Mangel an rechter Umschaltung selbst im Schlaf nicht die ersehnte Ruhe und Gelassenheit. Der *bewußt Lebende* hingegen entspricht dem Verlangen seines Herzen und verbindet die abendliche Besinnung mit einer *Ruhe-Übung,* die der Anfänger wie folgt vornehmen kann:

Er stelle sich aufrecht vor das geöffnete Fenster, erhebe sich bei geschlossenen Augen auf die Fußspitzen, strecke die Arme nach vorn, atme bewußt langsam und tief aus und ein, lasse beim Ausatmen alle Gedanken abklingen, wende sich einwärts und öffne beim Einatmen Herz und Gemüt dem Einstrom des Friedens des

Innern — sich ganz dem Einssein mit der schweigenden Ruhe der inneren Welt hingebend, sich darin eingebettet und geborgen fühlend ... Er bejahe etwa:

„Geist des Lebens, Urquell der Ruhe, des Friedens und der Kraft — ich öffne mich Dir ganz! Erfülle mich mit Deinem Wesen, Deiner Kraft!"

Danach werden die nach vorn gestreckten Arme nach oben gehoben. Dem Ausatmen folgt tiefes Einatmen mit der Bejahung:

„Ich bin eins mit der Allkraft des Unendlichen! Ich bin erfüllt vom Frieden und der Ruhe, der Stille und Kraft des Göttlichen! Ich bin Kraft und Ruhe!"

Dann läßt er die Arme herab und den Körper auf den ganzen Fuß niedersinken, atmet mit gespitztem Mund auf ‚f' langsam aus und fühlt dabei, wie die Ruhe und Kraft des Ewigen seinen ganzen Körper wärmend und belebend durchdringt.

Der Fortgeschrittene wird sich hinsetzen oder legen, die äußeren Sinne abschalten, die Gedanken stillegen, sich dem Schweigen des Innern öffnen und meditierend bejahen:

„Ich bin eins mit der Kraft und Ruhe des Ewigen, die mein ganzes Wesen durchströmt und erfüllt! In dieser Kraft und Ruhe des Ewigen weiß ich mein Herz gestillt und mein Wesen geborgen!"

Dieses schweigend-ruhende Gesammeltsein nach innen reicht tiefer als die konzentrative Selbstentspannung des Yoga: es ist, wie noch darzutun sein wird, eine der Praxis nach psychodynamische, der Richtung nach religiöse Handlung, oder richtiger: ein *Nicht-Tun* — ein williges Lassen, sich dem Geist des Lebens Überlassen und Ihn wirken lassen; also das, was Meister

Eckehart mit *Gelassenheit* umschreibt, die, wie Morgenstern hinzufügt, außer im eigenen Innern auch in der *Natur* gefunden werden kann:

„Die Natur ist die große Ruhe gegenüber unserer Bewegtheit. Darum wird sie der Mensch immer mehr lieben, je feiner und beweglicher er wird. Sie gibt ihm die großen Züge, die weiten Perspektiven und zugleich das Bild einer bei aller unermeßlichen Entwicklung erhabenen Gelassenheit."

In der Naturversenkung wie in der Einwärtswendung in die Tiefen des eigenen Wesens berühren wir den äußeren Ring des *Schweigens* und erfahren es als Heilmittel für jene, die durch Über-Spannung ihrer Kräfte überreizt und willensverkrampft sind, zerstreut und nervös, die auf die Reize der Umwelt mit Unlust, Mißlaune und Abwehr antworten und von der Angst gejagt sind, den Aufgaben des Berufs und des Lebens eines Tages nicht mehr gewachsen zu sein ...

Ihnen wächst im Schweigen, allein oder gemeinsam, neue Kraft zu und neuer Mut.

ZWIEFACHES SCHWEIGEN

„Am Baum des Schweigens hängt seine Frucht: der Friede", sagt Schopenhauer. Er kannte das in die Stille der Nacht hinüberleitende *zwiefache abendliche Schweigen,* das aktiv und passiv zugleich ist: *aktiv* ist es Abschaltung der Sinne, Verstummenlassen des pausenlosen Lärms der Worte, Töne und Bilder der Außenwelt, Zurruhebringen der Gedanken; *passiv* ist es Lassen, gelassene Hingabe an den lautlosen Frieden des Innern.

Die ständig klappernde ‚Gedankenmühle' zum Schweigen zu bringen, ist für den Abendländer zumeist am schwersten. Aber wenn er das passive Schweigen, das *Lassen*, einmal erfahren hat und übt, entdeckt er, daß der Strom diskursiven Denkens zunächst für Augenblicke und dann für eine Weile mühelos, spielend, unterbrochen werden kann und daß, was ihm in dieser Atempause der Seele geschenkt wird, über alles hinausgeht, was das Ich zu ergründen vermag.

Denn wenn er in der ‚Denk-Pause' vom Ich wegblickt und zum Selbst hin offen ist, wird er empfänglich für die Gedanken Gottes, für die Inspirationen der Lichtwelt, die Gaben und Eingebungen der inneren Führung, und fähiger zum Leben aus dem Geiste und zu jener Ganzheitsschau, die Einheits-Erkenntnis und religio zugleich ist: Wiederverbindung mit dem Geist des Lebens.

Die goldenen Früchte solchen Schweigens fallen ihm nach und nach in den Schoß: er sieht zunehmend klarer, denkt bejahender, fühlt tiefer, erkennt deutlicher und wird wacher und geduldiger gegenüber seinen Nächsten und den Möglichkeiten, die von ihm beachtet werden und ihm dienen wollen. Er handelt nun überlegter und überlegener und tut gelassen das Rechte.

Keine Zeit ist lohnender als die des Schweigens. Man muß nur darauf achten, daß es nicht zum genußbetonten Selbstzweck wird, sondern Mittel bleibt zur Selbstverwirklichung und Lebensmeisterung. –

Wir können auch mit denen, die uns nahestehen, *gemeinsam schweigen* und werden bei der Rückkehr in den Alltag stets ein Mehr an Kraft in uns fühlen und lebendiger am Leben der Einheit und Fülle teilhaben.

Zwei und auch drei Menschen können sich so *zusammenschweigen*, daß einer das Fühlen und Wollen des Anderen als sein eigenes spürt und gewahr wird, daß alles Lebendige im Innern verwandt ist und eins.

Man kann im stillen Kämmerlein, auf der Bank vor dem Hause oder beim Abendspaziergang gemeinsam schweigen und dabei der *inneren Nähe* des Andern und zugleich des Ewigen innewerden.

Dann spüren beide die Innenkraft und jenes Gefühl der Gemeinsamkeit, der Einheit, das Christi Wort verheißt: „Wo zwei oder drei in meinem Namen beisammen sind, da bin ich mitten unter ihnen."

Manche Freundschaft und Ehe wurde wieder geheilt und beglückend, als beide lernten, täglich einige Minuten gemeinsam zu schweigen. Gegensätzlichkeiten und Auseinandersetzungen werden nach solchem Zusammenschweigen gegenstandslos, weil beide sich in der Stille des Innern von selbst, vom Selbst her, begegnen, einigen und einen. Die zusammen schweigen, können auch zusammen leben.

Auch ein größerer Kreis kann in solchen gemeinsamen Schweigeminuten Kraft sammeln und stärker zusammenwachsen, wenn der kreisende Strom der einenden Innenkraft dadurch aktiviert wird, daß sich alle an den Händen fassen, einen Ring bilden und sich dem Bewußtsein des Einsseins hingeben.

Dann zeigt sich bald, daß die einen aus solcher inneren Gleichstimmung wachsenden Gewinn ziehen, während andere sich dem Kreis aus Scheu vor der Stille entziehen.

Jene aber, die sich im Schweigen einander öffnen, öffnen sich zugleich dem Höchsten, dem Geist des Le-

bens, und empfangen von dorther alle Segnungen des Schweigens.

KRAFT AUS DER STILLE

Bei allen äußeren Erfolgen des Tages bleibt der Mensch doch unerfüllt und unbefriedigt, wenn er sich nicht in der schöpferischen Pause am Abend einwärtswendet und in Muße und Stille sich über sich selbst, sein Wesen und seinen Stand, sein Ziel und seinen Weg immer von neuem Rechenschaft ablegt.

Arbeit und Muße müssen einander im Gleichgewicht halten, wenn wir an Leib und Seele stark und gesund bleiben wollen. Je intensiver wir schaffen, desto tiefer müssen wir uns in den Zeiten der Entspannung nach innen wenden.

Hierzu dient die Übung der *Stille* — und darüber hinaus der Meditation, die im Laufe der Zeit zur Gewohnheit wird, bis schließlich das ganze Leben besinnliches Sein und sinnerfülltes Wirken ist.

In der Stille lernen wir, den Lärm der Gedanken, Wünsche und Strebungen, der im Unbewußten herrscht und im Traumleben bildhaft Ausdruck findet, zum Schweigen zu bringen, widerstrebende Kräfte und Tendenzen zu koordinieren, d.h. zu gemeinsamem Wirken auf positive Ziele hin zu vereinen, und zwar unter der immer spürbarer werdenden Leitung des *Selbst,* des geistigen Ordners und Helfers in uns, der am besten weiß, was uns frommt und höherführt.

Dabei wird alles Unwichtige, unser inneres Wachstum Hindernde unmerklich beiseitegeschoben und gelassen, und das *Wesentliche,* unserem Wesen Gemäße und Dienliche, über den Alltag Hinausführende tritt nach vorn.

Der Schwerpunkt unseres Bewußtseins verlagert sich von der Peripherie allmählich zum innersten Zentrum des Lebens — zu dem, was im Wechsel des Außen *bleibt.* Damit beginnt die Erfüllung der drei Grundforderungen allen Menschentums: Erkenne Dich selbst! Sei Du selbst! Verwirkliche Dich selbst!

Zugleich gewinnen wir klareren Überblick von oben her über den abgelaufenen Tag, das rechte Verhältnis zur Umwelt, das frohe Ja zu allem, was geschah und was kommt, und jene kontemplative Gelassenheit und Überlegenheit, die aus dem Frieden des Innern erblühen.

Damit wandelt sich der Tag zu dem, was er sein soll: zu einem Repräsentanten der Ewigkeit, in der wir uns in der Stille verankert und geborgen wissen.

So wird die Stille zur Heimkehr aus der Außenwelt der Sinne in die Innenwelt des Friedens und des Lichts, zu den Quellen der Kraft. In ihr gelangen wir zu jener Feinabstimmung unseres Seelenempfängers, der uns die ‚Stimme der Stille' vernehmbar werden und aus ihr Weisung und Gewißheit gewinnen läßt: Einsichten und Eingebungen, die uns sonst unzugänglich bleiben. Wir gewahren, daß die Welt tiefer und das Leben reicher ist, als der Alltag ahnt.

Menschen, die im Stillesein das Einssein mit sich selbst, mit den inneren Quellen der Kraft und mit dem Ewigen erfahren, erkennt man an dem strahlenden Licht ihrer Augen.

Ihr Blick ist nicht mehr der des gierenden und sorgenden *Ich,* sondern der des *Selbst,* das in der Stille die

Augen öffnet und in der anschließenden noch umfassendere Bewußtheit auslösenden *Meditation* mehr und mehr die Führung übernimmt und uns hilft, die in der Sphäre zwischen dem wachbewußten Außen-Ich und dem überbewußten innersten Selbst — nämlich im Unterbewußtsein — wirkenden Kräfte und Strebungen, die ständig im Guten oder Bösen auf unser Denken und Fühlen, Wollen und Tun einzuwirken suchen, immer vollkommener zu durchschauen, zu ordnen und in schöpferische Aufbaukräfte umzuwandeln.

VERINNERLICHUNG DURCH MEDITATION

„All unser Übel kommt daher, daß wir nicht allein sein können." Mit diesem Wort berührt Schopenhauer den Kern der Lebensangst und -not. Denn erst im *Alleinsein* finden wir zur Selbst-Besinnung und zum Selbstsein, zum Stark- und Freisein aus innerem Einssein, aus dem wiederum das *All-Einssein* erblüht.

Und wie gelangen wir dazu? Am ehesten durch allabendliche Einwärtswendung, Stillesein und *Meditation*, die alle Großen und Weisen der Menschheit den sichersten Weg nennen zu uns selbst, zur Entfaltung und Sicherung unserer inneren Freiheit, Selbständigkeit und Unabhängigkeit.

In der Meditation erheben wir uns über das Ichbewußtsein, das persönliche und kollektive Unbewußte hinaus in das größere Reich des Überbewußtseins und Allbewußtseins.

Wir fühlen uns dem Weltgeist näher — und *sind* es.

Und es ist nicht nur Nähe: es ist ein innerer Gleich- und Einklang, der uns befähigt, in Übereinstimmung mit dem Willen des Geistes des Lebens zu wirken.

Unendlich beglückend ist es, unser engbegrenztes Ichleben mehr und mehr als lebendige Zelle im Organismus eines gotterfüllten Groß-Lebens zu erkennen und, des inneren Halts und Geborgenseins gewiß und vom Geist des Ganzen geleitet, unsere Rolle im Lebensspiel immer bewußter zu meistern.

Jedem ist es möglich, sich in solcher meditativen Selbstbesinnung in das ewige Schweigen Gottes einzusenken und seiner lebendigen Gegenwart inne zu werden. Wir brauchen nichts dazu zu tun; denn das Geheimnis der Innewerdung und Einswerdung liegt ja im *Lassen,* in der Hingabe.

Alles Große ist einfach und nahe. Mitten im Alltag sind wir dem Ewigen Tage, mitten im Dasein dem Ewigen Leben am nächsten, wenn wir lernen, unser Ich zu lassen und das Selbst wirken zu lassen.

Dazu bedarf es keiner besonderen Schulung oder gar ‚Geheimschulung', keiner geistigen Lehrer oder Gurus, keiner Einweihung durch andere. Der zuverlässigste Lehrer und Höhenführer ist *in uns.*

Wir brauchen weder nach Indien noch zum Himalaya zu reisen, benötigen zu unserer Verinnerlichung und Vergeistigung weder Yoga noch Zen oder irgendeinen mystischen Orden. Besser als jede gewollte Seelenschulung ist die *Lebensschule,* die uns mitten im Alltag nach dem Maße unserer Willigkeit und Aufgeschlossenheit und dem Grade unseres inneren Wachstums, Wach- und Reifseins in die Geheimnisse des Seins einweiht und uns Stufe um Stufe höherführt.

Weise handelt darum, wer alles, was an ihn herangetragen wird, zur Kenntnis nimmt und prüft, sich das Gute zu eigen macht, *innerlich aber unabhängig bleibt*, sich keinen fremden Führern überläßt, sondern in allem der eigenen inneren Führung folgt, deren Weisheit und Weisung ihm in der Meditation aufgeht.

In der Meditation werden wir gewahr, daß die Tiefen unseres Wesens grundlos sind, daß Seelengrund und Weltengrund *ein* Grund sind, daß wir im Innern so unendlich sind wie der Kosmos — und daß echte Religion nicht neben dem Alltag herläuft, sondern als immer neue Erfahrung der Gegenwart Gottes in uns und um uns den ganzen Alltag durchlichtet, wie es Meister Eckehart bejahte:

„Mitten in den Dingen muß der Mensch Gott ergreifen und sein Herz gewöhnen, ihn als einen allezeit Gegenwärtigen zu besitzen im Gemüt, in der Gesinnung und im Willen. Gib acht, wie du gegen deinen Gott gesonnen bist, wenn du in deinem Kämmerlein weilst; die selbe Gemütsverfassung halte fest und trage sie hinaus in das Getümmel des Alltags, und ebenso hege sie bei der Arbeit. Sorgst du in solcher Weise für eine immer gleiche Gott zugewandte Einstellung, so unterbräche dir niemand deines Gottes stete Gegenwart!"

WEISHEIT DES LASSENS

„Große Menschen bleiben in jeder Lebenslage die gleichen", sagt Machiavelli. „Mag sie der Wechsel des Glücks erhöhen oder erniedrigen, sie ändern sich nie, sie bleiben immer standhaft und gelassen und so völlig sich selber treu, daß jeder sieht, daß das Schicksal keine Macht über sie hat."

Zu solcher Standfestigkeit und Gelassenheit kann *jeder* gelangen, wenn er das Leben als *Schule* und alles, was an ihn herantritt, Freude wie Leid, als *Lehrstoff* wertet, das seinem Wachstum, seiner Reifung und Vervollkommnung dient, und demgemäß alles bewußt mit Bejahung einerseits und willigem Geschehenlassen andererseits entgegennimmt.

Die Weisheit des *Lassens* bildet die Krönung der Lebenskunst.

Solange wir uns an äußere Dinge und Bedingungen klammern und halten, bleiben wir des inneren Halts ungewiß und darum halt- und hilflos. Sowie wir aber lernen, zu lassen, was sich nicht halten läßt, weil es vergänglich ist, und uns von äußeren Sicherungen lösen, werden wir des inneren Stark- und Geborgenseins gewiß und können Christi Rat folgen, uns nicht um morgen zu sorgen, sondern aus dem Heute das Beste zu machen.

Solch Lassen fällt vielen schwer, weil sie an ständiges Handeln gewöhnt sind. Aber man kann es üben — und das Leben bietet dazu täglich Gelegenheit.

Zu jeder Stunde können wir Negatives und Unwesentliches lassen, uns vom gierenden Ich lösen. Denn gerade durch unser ängstliches Anklammern an Äußeres verhindern wir ja die Lösung unserer Not von innen her. Sowie wir uns und die Dinge loslassen, wird deutlich, daß alles gut ist oder zu Besserem hinführt.

Wenn das Ich sich läßt, beginnt das Selbst zu wirken und macht den inneren Lebensplan spürbar, in dem sich dem Willigen alles von selbst ordnet.

Sobald wir lassen, lösen sich Verkrampfungen der Seele wie des Körpers, die Tore nach innen öffnen sich, die schöpferischen Lebenskräfte strömen hervor und beginnen ihr segenbringendes Wirken. So führen Stillesein und Lassen zur Durchlichtung des Alltags und zur Verwesentlichung des Lebens.

Immer bewußter und freudiger lassen wir den Geist des Lebens durch uns wirken, ihn als den großen Katalysator in uns bejahend, der durch seine bloße Gegenwart auf die Wesen, Dinge und Umstände der Umwelt umwandelnd und ordnend einwirkt, während wir selbst unberührt bleiben von allem, was geringer als Gott ist.

So wird der Gelassene zum Gelaß, zur Wohn- und Wirkstätte des Geistes des Lebens. Er ist kein Haftender und Ichverhafteter mehr, sondern ein Allgesinnter und Allgeweiteter. Allgeweitet, ist er jener Enge enthoben, in der Ängstlichkeit und Furcht ihre Brutstätte haben.

Er ist frei und weiß sich von nichts bestimmt als vom Ewigen selbst. So tief ist er in Gott eingesenkt, eingewurzelt und geborgen, daß nichts, das weniger ist, ihn bewegen kann.

Dies meinte Meister Eckehart: „Der Mensch, der gelassen hat und gelassen ist, der keinen gierenden Blick mehr zurückwirft auf das, was er hinter und unter sich ließ, sondern stets unbewegt und unwandelbar in sich selber ruht, *der* ist als Gelassener ganz sein eigen und frei. Er erfährt, daß Gott ihn, der sich ganz zu Grunde gelassen hat, mit seiner ganzen Kraft erfüllt."

Denn Lassen ist Hingabe, und Hingabe ist *Einssein* im Wesen und in der Kraft.

„Halte nie einen für glücklich, der von äußeren Dingen abhängt“, mahnt Seneca. Denn „auf Zerbrechliches stützt sich, wer seine Freude an Dingen hat, die von außen kommen; jede Freude, die von dort eingezogen ist, wird auch wieder hinausziehen. Aber das, was aus sich selbst entsprungen, ist bleibend und fest, nimmt zu und begleitet uns bis ans Ende. Das übrige, was vom großen Haufen bewundert wird, ist nur dann fruchtbringend und angenehm, *wenn der, der es besitzt, auch sich selbst im Besitz hat* und nicht in der Gewalt seiner Habseligkeiten ist.“

Sich selbst im Besitz hat, wer in Stille und Meditation zum Lassen und zur *Gelassenheit* fand — jener köstlichen Frucht der Meditation, in der Tun und Nichttun, Wirken und Meditieren *eins* sind.

Sie ist jene höchste Form des Lassens, die Lao-Tse ‚Wei-Wu-Wei‘ nennt: Tun durch Nicht-Tun, die dritte Stufe der Stille, die dem Schweigen nach außen und dem nach innen folgt — das *Schweigen in Gott*, das aus dem völligen Sich-Lassen und Gott-Wirkenlassen erblüht.

In diesem schweigenden Gelassensein erleben wir, wie unser Herz in dem Maße, wie es der vergänglichen Dinge und Abhänglichkeiten leer und ledig wird, Gottes voll wird: Gelaß und Wirkstätte der göttlichen Liebe, Kraft und Fülle. Solch Gelassensein bedeutet, daß wir mitten im Alltag, in jeder Stunde bewußt und bejahend, dankbar und vertrauend den Weg der Selbstvollendung gehen, auf dem willige und absichtenfreie Pflichterfüllung der erste Schritt ist.

Als Gelassene tun wir auf unsere Weise, was der voll zur Wirklichkeit erwachte Heilige oder Erleuchtete auf die seine tut: wir trachten, daß unser Leben von Tag zu Tag sinnerfüllter und wesentlicher, geistbewußter und heilvoller wird und jede Tat ein Schritt zum Selbstsein und All-Einssein.

Hellhörig für die innere Stimme, hellsichtig für den Weg nach oben, hellfühlig für das, was auf uns zukommt und von uns gemeistert werden will, wissen wir jederzeit, was zu tun und was zu lassen ist, fühlen weder Hoffnung noch Furcht, sondern leben aus dem Gewißsein steten Geborgenseins und darum allezeit gleich gütig und gleichmütig.

Als gute Mitspieler nehmen wir willig am Spiel des Lebens teil, ohne darin auf- oder unterzugehen, machen uns dienlich, was höherführt, immun für das, was uns nicht gemäß ist, und wach für die Wahrheit, daß alles gut ist.

Wie der Himmel überall gleich weit von der Erde entfernt ist, so steht, wer den Himmel in sich weiß, in allen Lebenslagen gelassen über den Dingen der Erde.

Er gleicht darin den Großen der Menschheit, deren Haltung sich in dem Wort des Lucius spiegelt: „Ich weiß eigentlich niemals, wie ich eine Sache tue und vollende. Ich bin immer aus mir selbst gelassen gewesen und habe die Dinge getan, wie sie mir eingefallen sind oder eingegeben wurden."

Solche Gelassenheit findet ihre Vollendung in dem, was Meister Eckehart *Gott-Gelassenheit* nennt: „Wenn du dich täglich hier auf Erden dankbar-gelassen Gott ergibst, so glaube sicherlich, daß alle Dinge dir zum Besten dienen werden."

Die Großen aller Zeiten haben das erfahren und konnten darum von Gott sprechen als von etwas, das jedem Menschen näher, gegenwärtiger und gewisser ist als selbst sein Körper und sein Ich, und von der Gelassenheit als jenem Königsweg fortschreitender Selbstverwirklichung, auf dem Freiheit und All-Harmonie *eins* sind.

BEGLÜCKENDE DANKBARKEIT

Beim Schlafengehen — rät Seneca — sollten wir uns sagen: „Ich habe diesen Tag gelebt und den mir vom Schicksal bestimmten Weg zurückgelegt. Wenn Gott mir einen neuen Morgen schenkt, werde ich ihn mit dem Gefühl, daß mir ein unerwarteter Gewinn zufällt, freudig und dankbar entgegennehmen und wiederum das Beste aus ihm zu machen suchen."

Schönste Frucht rechter Selbst-Besinnung und bewußten Lebens, höchste Form der Bejahung, des Vertrauens und Gelassenseins ist die Gewöhnung an stetes *Danksagen:* das Erfülltsein vom Geist der Dankbarkeit für alle Gaben und Beglückungen, die dem dafür Wachen und Aufgeschlossenen von früh bis spät bewußt zuteil werden.

Je tiefer wir das Lebensspiel durchschauen und je williger wir als gute Mitspieler daran teilnehmen und uns zugleich — als Zuschauer — innerlich darüber erheben, desto mehr Grund sehen wir zum Bejahen, Vertrauen und Dankbarsein — und desto sichtbarer erfließt wiederum aus jedem dankbaren Ja erhöhtes Vermögen, alles, was kommt, überlegen zu meistern.

Denn Dankbarkeit verwandelt Dunkel in Helle, Übel in Segnung und alles Ungewisse in Gewißheit.

Seien wir dem schöpferischen Urgrund aller Kraft dankbar für alles, was wir am heutigen Tage empfangen haben! Wir öffnen uns damit dem Einstrom neuer Kräfte und Segnungen — und wir tun gut und haben allen Grund, ihren Einstrom auch während der Nacht zu bejahen, bevor wir uns dem Schlaf überlassen.

Jeder hat schon gesehen, wie ein Magnet Eisenteilchen anzieht. Aber nicht jeder ist sich bewußt, daß *er selbst* in gleicher Weise ein lebendiger Magnet ist für alles, was er bejaht oder befürchtet.

Wie ein Magnet weder Kupfer noch Steine anzieht, sondern nur Eisen, so zieht das Kraftfeld unseres Wesens nur das ihm Verwandte, das unserer geistigen Haltung Entsprechende an.

Sind wir beständig vom Geist der Freude, der Kraft und Dankbarkeit erfüllt, dann ziehen wir — insbesondere, wenn wir mit solcher Gesinntheit allabendlich in den Schlaf hinübergehen — wie ein Riesenmagnet von überallher alles an, Wesen und Dinge, Umstände und Geschicke, die uns Kraft und Freude, Förderung und Glück bringen und mehren.

Wenn, wie Lessing sagt, schon „ein einziger dankbarer Gedanke zum Himmel das vollkommenste Gebet ist", dann führt die *Gewohnheit steten Danksagens* mit der Zeit zum völligen Durchdrungensein unseres Alltags vom Geist der Meditation und des Gebets — und alsdann sind Segnungen und Beglückungen unsere ständigen Begleiter.

Sind wir einmal in diesen Kräftekreislauf dankbaren Jasagens eingetreten, umspannt er bald immer größere Bezirke unseres Lebens. Nicht nur entdecken wir dann beglückt, daß wir weit mehr Anlaß zum Danken haben, als uns bisher bewußt war, sondern wir bekommen nun Tag für Tag mehr Grund, für Hilfen und Förderungen zu danken, die uns in wachsendem Umfang zuteil werden. Und je dankbarer wir alles Gute entgegennehmen, desto mehr strömt uns wiederum zu.

So macht unser Dankbarsein uns von Tag zu Tag reicher und froher — und jeder kommende Tag wird für uns zu einem Quellbrunnen neuer Freuden und Beglückungen.

Wer darum aus eigener Erfahrung weiß, der nennt mit Boccaccio die Dankbarkeit die Königin aller Tugenden, die am meisten zu loben ist, weil sie den Menschen wahrhaft glückwürdig und glückfähig macht.

ENDE GUT — ALLES GUT!

„Ein wohlberatenes Unternehmen wird gewöhnlich durch ein *glückliches Ende gekrönt.*" Dieses Wort des erfahrenen Geschichtsschreibers *Herodot,* der hinter dem äußeren Zusammenhang der Geschehnisse einen unsichtbaren geistgelenkten Zusammenklang im Dienste fortschreitender Höherentwicklung alles Lebendigen spürte, gilt für *jeden Tag,* den wir im Sinne der hier vermittelten Anregungen vom Morgen bis zum Abend bewußt und bejahend, vertrauend und dankbar verbracht haben.

Im gleichen Maße gilt dieses Wort für unser *Leben,* worauf Schopenhauer uns hinweist: „Wie der Wanderer erst, wenn er auf einer Höhe angekommen ist, den zurückgelegten Weg mit all seinen Wendungen und Krümmungen im Zusammenhang überblickt und erkennt, so erkennen wir erst am Ende einer Periode unseres Lebens, oder gar des ganzen, den wahren Zusammenhang unserer Taten, Leistungen und Werke, die genaue Konsequenz und Verkettung, ja, auch den Wert und Sinn derselben."

Und wir erkennen, wenn wir, wie hier gezeigt, jeden Tag *bewußt* leben, noch ein Weiteres:

Wir sehen uns im Maße unseres inneren Wachstums und Reifens immer deutlicher in einem Prozeß ständigen Aufstiegs zu immer höheren Bewußtseinsstufen und Vollkommenheitsgraden begriffen — in einem Prozeß, der auch unseren Körper zu einem immer feineren und fähigeren Werkzeug des Geistes werden läßt.

Wir sprechen in diesem Sinne von *Selbstverwirklichung* und meinen damit unser stufenweises Wachwerden und Hineinwachsen in jenes Neue Leben, das immer höher führt und Beglückungen ohne Ende verheißt.

Der Mensch ist in der Tat auf ewigen Fortschritt angelegt. Alle Grenzen, die ihn heute hemmen, sind zeit- und entwicklungsbedingt. Sie werden eines Tages fallen, der Mensch wird über sie hinausschreiten in ständig größere Freiheit und Vollkommenheit — nicht von heute auf morgen, aber im Laufe der Äonen.

Von diesem Prozeß können wir, wenn wir *bewußt leben,* manches vorwegnehmen. Denn wir sind alle so angelegt, daß wir heute schon Kräfte und Talente zu aktivieren vermögen, die in den meisten noch schlummern und kaum geahnt werden.

Im Grunde verfügen wir alle über hundertmal mehr Gaben, Tiefenkräfte und Möglichkeiten, als wir bisher entfaltet haben. Wir müssen sie nur erkennen und bejahen und mutig dem höchsten Ziel unseres Lebens zusteuern, das über die Erlangung nur äußeren Glücks weit hinausgeht: jenem kosmischen Bewußtsein und Einssein mit dem Ewigen, in dem unser Menschsein seine letzte Erfüllung und Vollendung findet.

Der Weg zu solcher Selbstverwirklichung und Sinnerfüllung des Lebens wurde hier am Beispiel eines bewußt gelebten Tages sichtbar gemacht.

Gehen muß jeder diesen Höhenweg selbst. Aber jeder hat die Gewähr und darf gewiß sein, daß er auf diesem Wege zur Wirklichkeit mit jedem neuen Schritt wacher wird für den ewigen Liebeswillen, der alles Sein und Geschehen durchwaltet, und daß er ständig jener höchsten Gewißheit näher kommt, der Christus Ausdruck gab: „Ich und der Vater sind eins" — dem Gewißsein seines Verwurzeltseins und Geborgenseins im Lichtreich der Gottheit und seiner Harmonie mit dem Unendlichen.

INHALT

Hier eine kleine Kostprobe aus dem Inhaltsverzeichnis:

Band I: In Dir ist die Kraft

Mache Dein Leben zu Deinem Meisterwerk! – Steigerung der Willenskraft – Praxis der Konzentration – Entfaltung der schöpferischen Kräfte – Ausdauer ersetzt Genialität – Beseitigung seelischer Hemmungen – Überwindung von Minderwertigkeitsgefühlen – Grundlagen des Erfolges – etc.

412 Seiten

Band II: Macht der Persönlichkeit

Sicheres Auftraten – Macht der Persönlichkeit – Menschenkenntnis – Steigerung der persönlichen Anziehungskraft – Richtig lernen und behalten, Überwindung von Gedächtnisschwäche – Richtig verhandeln – Geistesgegenwart und Schlagfertigkeit – Selbstschutz vor Fremdbeeinflussung – Das Gesetz der Anziehung – Das Gesetz des Wachstums – etc.

348 Seiten

Band III: Die schöpferischen Kräfte

Erkenne Dich selbst! Von der Selbsterkenntnis zur Selbstverwirklichung – Der Mensch, Schatzkammer schöpferischer Kräfte – Emerson, der Lebenslehrer – Der Geist des Lebens – Der äußere und der innere Mensch – Persönlichkeit und Individualität – Aktivierung der Tiefenkräfte – Kraftfeld Mensch – etc.

384 Seiten